荻原博子のハッピー老後

貯金ゼロでも大丈夫！

荻原博子

毎日新聞出版

はじめに　豊かな人生で光る、「お金」の〝質〟

「人間万事塞翁が馬」「禍福は糾《あざな》える縄のごとし」といいますが、不幸だと思っていても幸せが来たり、幸福だと思っていても不幸になったりするという経験は、誰にもあることでしょう。

そもそも人生は、思い通りにいかないものですから、幸福だけが続く人もいないし、禍《わざわ》いだけが続く人もいません。雨が降った後は必ず晴れるように、人生には良い時と悪い時が交互にやってきます。

でも、できれば禍いを少なくし、幸福を長く続けたい。そのためには、なるべく禍いを減らす用意をまえもってしておくことが大切です。

老後の生活を幸福なものにするには、３つのものが欠かせません。それは、「健康」「お金」「良き伴侶や友人」。「健康」については、気をつけるにこしたことはありませんが、注意しても防げないことが多々あります。「伴侶や友人」については、出逢いという偶然にも左右されるので、なかなか計画的にはいかない面があります。

ですから、ある程度まで計画的に準備できるのは「お金」ということになります。幸せは、「お金」で買えるものではありませんが、一方、「お金」がないと今ある幸せを支えることができないというのもひとつの真実です。まずは、「お金」でつまずかないだけの準備をし、禍いに遭遇してもひるまない心構えを持って、親しい人たちと明るい楽しい老後を迎えましょう。

こう書くと、「貯金が少なくて老後が心配だ」と思う方もいらっしゃることでしょう。「お金」は、ないよりあったほうがいいですが、ただ、沢山あればいいというものではありません。大切なのは、その「お金」の〝量〟より〝質〟。「お金」を上手に使いこなす技術を身につけていることです。

たとえば、同じ年金を20万円もらっている人でも、外食ばかりしているのと家で料理をつくる喜びを感じながらみんなで食卓を囲むのでは、同じ20万円でも〝質〟が変わってきます。もしかしたら、家で自分がつくった料理を家族や友人にふるまいながら楽しい時間を過ごす人なら、20万円も必要なく15万円くらいでなんとかやっていけるかもしれません。一方、1人でもおいしいものを食べないと気がすまないという人は、20万円でも足りないかもしれません。

幸福感は人それぞれですが、〝質〟の高い「お金」の使い方ができれば、その分、幸福度も上がるのではないかと思います。

本書では、お金に関するテクニックだけでなく、お金の「質を高める方法」を提案しています。

日本人の平均寿命は、83・7歳。男性は80・5歳、女性が86・8歳です。しかも、平均寿命は年々伸びています。今から30年前は、100歳以上が全国で1740人で珍しい存在でしたが、2015年には、なんと6万1568人となっています。10年後には何十万人にもなっていることでしょう。

長い人生を楽しく豊かに過ごすためにも、「お金」を上手に使いこなす技術をしっかりと身につけておきましょう。

本書は、週刊『サンデー毎日』に連載している「幸せな老後への一歩」に加筆したものですが、制作にあたっては同編集部の藤後野里子さん、毎日新聞出版図書第二編集部の山口敦雄さん、峯晴子さんにお世話になりました。心から感謝いたします。
本書が、読者の方々の老後の羅針盤になることを心から願っています。

２０１６年6月

経済ジャーナリスト　荻原博子

荻原博子のハッピー老後

貯金ゼロでも大丈夫！

目次

第2章 お金の話
投資、貯蓄、賢い消費の仕方 59

第3章

暮らしの話

働き方を考え、住まい、医療費について知る

第4章 介護の話

介護の負担を減らし、介護要らずの自分になる

アートディレクション　長友啓典
カバーデザイン　脇野直人（K2）
カバー写真　高橋勝視（毎日新聞出版）
DTP・図版　ペリカン
編集協力　ケイツー

第1章

今すぐ始める!
「隠れ貧困」8大防衛術

（聞き手＝藤後野里子　サンデー毎日編集部）

「一億総中流社会」は去り、持てる者と持たざる者が二極化する格差社会となった。そんな中で、年収はそれなりに高いのに貯蓄がない「隠れ貧困」が増えている、と経済ジャーナリストの荻原博子さんは指摘する。**一見、普通の生活をしているけれど、ちょっとしたつまずきで、老後破産や下流老人になる可能性のある「貧困予備軍」**たちのことだ。

隠れ貧困は高血圧や糖尿病といった生活習慣病と同じように、放っておくとじわじわと生活を蝕んでいき、放置しておくと重篤な病気になってしまう。とは言え、気持ちを切り替えたり、少しの知恵や情報を持って早めに対処したりすれば大事に至らなくて済む、と荻原さんは言う。「隠れ貧困予防８大防衛術」を荻原さんに指南してもらった。

2020年以降は「大不況」を覚悟せよ!

まずは、私たちが置かれている現状を理解することから始めよう。年収1000万円といえばサラリーマンの夢。しかし1000万円プレーヤーこそ「隠れ貧困」の可能性があるのだという。

2015年の金融広報中央委員会の調査で、「貯蓄ゼロ」世帯の割合を年収別に見ると、**年収750万円以上1000万円未満で11・2%、1000万円以上1200万円未満で13・5%、1200万円以上では11・8%。1000万円プレーヤーの1割に貯金がないのだという。**

収入が少ないから貯金ができないのはわかるが、高給取りなのに貯金ができないのはなぜか。荻原さんはこう分析する。

「バブル時代の〝浮かれ癖〟からまだ抜けきれていない人が多いからです。今の50代前後の人たちが社会人になったのは1985年から1990年ごろで、ヴィトンやシャネルといったブランド品を買いあさり、高級ホテルやレストランを多用し、就職も売り手市場でした。しかし現在は年収700万円~800万円、あるいはそれ以下になっているサラリーマンも少なくありません。その人たちの感覚は、**家や車は『持っていて当たり前』で、消費好きで海外旅行にもバンバン行く。でも内実は住宅ローンや教育費で青息吐息なのです**」

荻原さんによると、東京オリンピックが開催される2020年までは日本の景気は横ばい、あるいは良い状況で推移していく

「二人以上世帯」調査 金融資産の有無

（年間収入別）

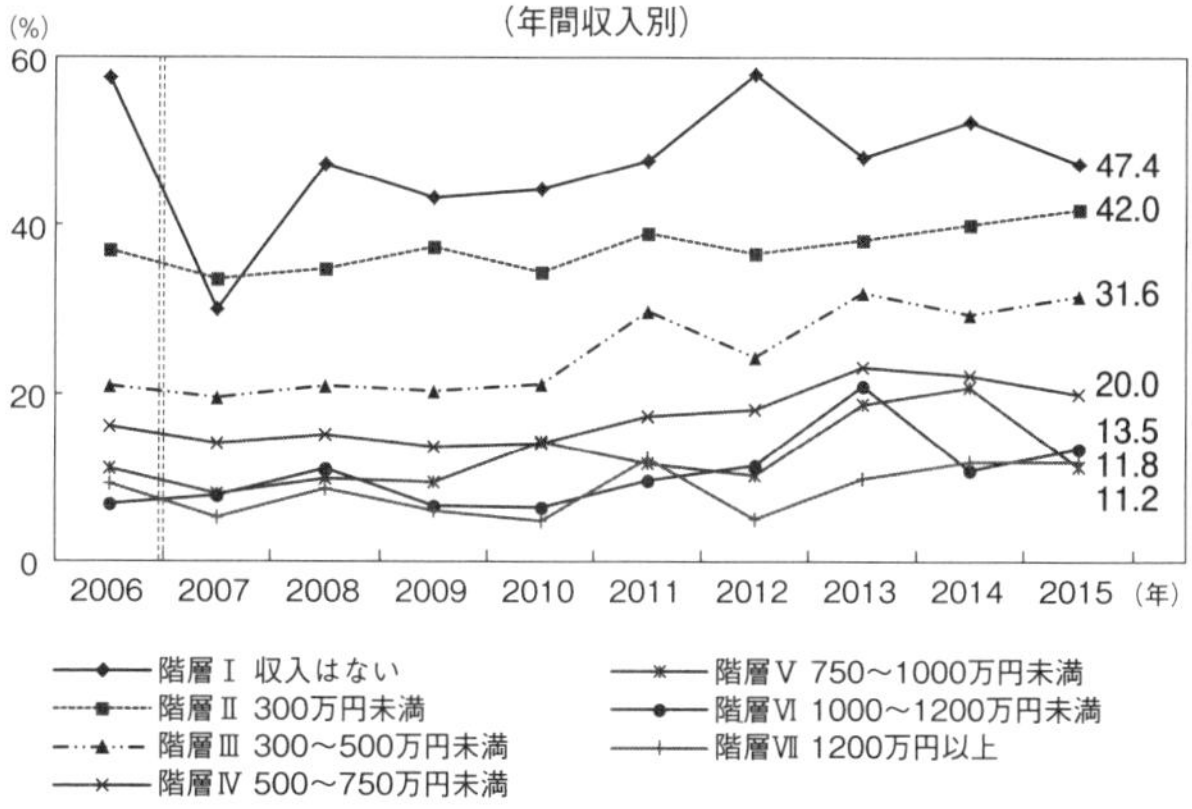

出典:金融広報中央委員会調査

が、オリンピック後は無理な金融政策のほころびが表れ、大不況がやってくることを覚悟しておく必要があるという。

「日銀の黒田東彦総裁が放った異次元の緩和策『黒田バズーカ』は完全に失敗と言っていいでしょう。金融緩和というカンフル剤に偏った結果、需要は喚起できず、デフレをいまだ脱することができません。**『トリクルダウン（滴り落ち）で庶民も潤う』と喧伝されましたが、むしろ貧富の差が拡大しました**。個人ができる防衛策は、粛々と『守りに徹する』こと。大不況がやってくる前に強い家計の下地をつくっておくことが重要です。今、家計を引き締めれば、隠れ貧困→老後破綻の道を避けられます」

この10年は日本にとって激動の10年だと荻原さんは力説する。最も大きなイベントは東京オリンピック。国の金融政策などさまざまな面で景気の後押しがあるからだ。

「黒田総裁の任期は２０１８年４月まで。安倍首相の自民党総裁としての任期も18年までありますから、政府がメンツにかけて緩和策を撃ち続けるでしょう。ただし、その先の金融政策は一気に不透明になります。過去を見渡しても、１９８４年以降のオリンピックで、アトランタオリンピック（１９９６年）以外、開催国はどこもオリンピック後大不況に見舞われています。景気を浮揚させる目玉政策や成長戦略がない日本も、巨大な廃墟を残して不況のどん底に陥る可能性があるのです」

山高ければ谷深し。**大きな山から底にずどんと落ちる時に家計が破綻しないよう、一人一人が「知識」と「覚悟」を持つことが何より大事になってくるわけだ。**

具体的にどんな対策をとればいいのか。ここからは荻原さんに「隠れ貧困」脱出の鉄則を指南してもらおう。

鉄則1 給料は「もう上がらない」という自覚を持つ

あなたは、心のどこかで「今の不況を乗り切れば、また給料が右肩上がりになるだろう」なんて思っていませんか。「自分だけは下流老人にならない」と根拠のない自信を持っていませんか。こうした楽観的な考え方をする傾向が強いのが40〜50代、バブルを経験した世代です。

ブランドものを買いあさった経験があるせいか、今でも消費好き。「ま、なんとかなるさ」と楽観的な傾向が強いのです。そうした人たちは**羽振りよく見えますが、実は貯蓄がほとんどできていないというケースが多いのです。**

まず、覚悟を決めてください。これから景気が良くなるとか、給料が増える、というのは「幻想」でしかありません。「今後、給料が増えることはない」と心に刻むところから生活設計をスタートする必要があります。

２０００年代当初を思い起こしましょう。小泉政権時代に「いざなぎ景気」を超える戦後最長の成長を記録しましたが、あの時期に給料が増えたサラリーマンはほとんどいませんでした。結局は実感なき景気回復だったのです。

国税庁が毎年発表する「民間給与実態統計調査」によると、**サラリーマンの平均年収は１９９７年の４６７万円をピークに下がり始め、２０１４年は４１５万円と約11％も低い**のです。

サラリーマンは気楽な稼業ときたもんだ……植木等さんのフレーズが流行した時代がありました。そんなに頑張らなくても年功序列でそこそこ昇進でき、給料も増えていきました。まとまった退職金で住宅ローンも返せました。しかし時は流れて、サラリーマンを取り巻く状況は大きく様変わりしたのです。

どんな大企業でも一寸先は闇。誰もがいつリストラされるかわからないという不安を抱え、ストレスに耐えながら日々を送っています。

今後もますますサラリーマン受難の時代は続くと覚悟しましょう。その原因は、経

平均給与及び対前年伸び率の推移

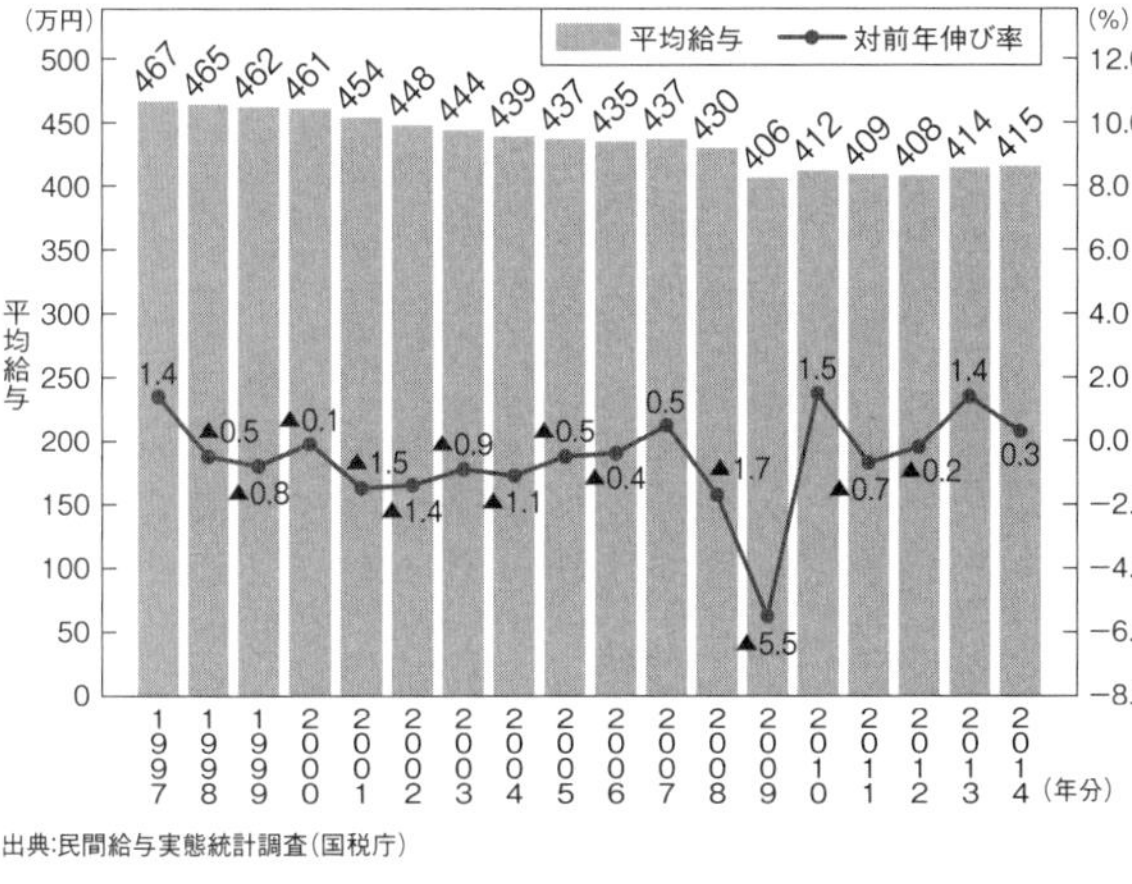

出典:民間給与実態統計調査(国税庁)

済がグローバル化したこと、「会社は株主のもの」に転換したことにあります。会社に利益が出ても株主と内部留保に回され、損が出たらコスト削減を迫られる。社員も利益を稼ぐためのツール（道具）となってしまったからです。このことを肝に銘じるべきです。

当面、こうした構造自体が変わることはないでしょう。**給料は今後増えない、という前提から出発すべきです**。給料が上がらないばかりか、厚生年金や健康保険、介護保険などの社会保険料の負担増が怒濤のように押し寄せてきますから、手取り収入はどんどん少なくなっていきます。消費増税もやってきます。

ここ数年の負担増とこれから予定されている社会保険料増をピックアップしてみましょう（25ページ参照）。

こうして見ていくと、じわじわと重みを増す保険料負担に家計は耐え続けなければならないことがよくわかります。社会保障には「自助」「公助」「共助」という三つの考え方があります。これまで日本の社会保障は「公助」が中心でしたが、**高齢化が進み、社会保障費が膨らんでいく中、国はできるだけ「自助」や「共助」でやってほし**

いという方向に舵を切ったのです。

教育費や社会保障は国が責任を持つべきものなのに、腹立たしい限りです。私たちは声を挙げなければいけませんが、いかんせん、これからは「自助努力」が求められる時代になっていきます。困ったら国が面倒を見てくれる、「なんとかなる」時代は終わり、自分で「なんとかする」時代に入ったのです。

人間と同じで、国も「成長」から「円熟期」に入ったのですから、**「お金第一」の価値観から脱し、円熟経済時代を生き抜くのにふさわしい価**

2015年	1月	健康保険の高額療養費、70歳未満の上位所得者で負担上限引き上げ
	4月	年金の特例水準が解消、マクロ経済スライド発動
		国民年金保険料が月340円上がり1万5590円に
	8月	介護保険で一定以上の所得がある人の自己負担が1割から2割に
	9月	厚生年金保険料率が0.354%上がり労使計17.828%に
2016年	1月	年収1200万円超の給与所得控除の上限引き下げ(所得税)
	4月	国民年金保険料が引き上げ
	9月	厚生年金保険料が0.354%上がり同18.182%へ
	10月	パートの社会保険加入要件の緩和
2017年	1月	年収1000万円超の給与所得控除の上限引き下げ(所得税)
	4月	国民年金保険料引き上げ
	6月	年収1200万円超の給与所得控除の上限引き下げ(住民税)
	9月	厚生年金保険料率が0.118%上がり同18.3%へ

値観に変える必要があります。今の40代、50代の人はバブルを経験していますからモノに囲まれて暮らすことが幸福の絶対条件と思っている節があります。そんな価値観は今すぐ見直さないとジリ貧になっていきます。

「隠れ貧困」が多いバブル世代がお手本にすべきなのが10代、20代の若者たちです。彼らはブランド品や「ワンランク上」なんて望みませんし、家や車への執着も少ないです。見栄を張らずに、実質的な価値で判断する生き方を生まれた時から身につけています。彼らのように**「足るを知る」「自然体で生きる」というような**

検討されている社会保障の負担増

医療	かかりつけ医以外の受診に定額負担	2016年末までに結論
	入院時の部屋代の引き上げ・対象拡大	2016年4月から段階的に実施
	入院ベッドの削減・再編	2017年度から推進
	市販類似薬の保険給付外し（湿布など）	2016年度から完全に除外
	75歳以上の窓口負担1割→2割	2018年末までに結論
介護	要介護1、2の保険外し	2016年末までに結論
	利用料を1割→2割	2016年末までに結論
年金	物価下落時にも削減	可及的速やかに
	支給開始年齢の引き上げ	2019年に向け速やかに検討
生活保護	扶養基準・医療扶助などの見直し	2017年度に結論

価値観に転換することが、隠れ貧困予防の第一歩です。

鉄則2

50歳でプラスマイナス「ゼロ」を目指す

人生には大きな出費がある時期が三つあります。第一の山は「住宅ローン」。多額のお金がかかるため、ここでほとんどの人は大きな借金をします。第二の山は「教育費」。今、子どもを1人大学まで行かせると、トータルで約1000万円かかるとされます。そして第三の山が「老後資金」です。

下流老人、老後崩壊と危機感をあおられているせいか、第三の山の老後資金を先に準備しようとする人がいますが、それはNG！ ひとまず貯蓄はあきらめて、ハードルは手前から飛び越えてください。まず、教育費と住宅ローンの二大出費にケリをつけましょう。

真っ先に取りかかるべきは住宅ローンの返済です。家は人生の一大事です。私自身、持ち家を巡っては20～30代で大きな苦労をしました。少しそのお話をしましょう。

大学の同級生だった夫と最初に住んだのが２Kの賃貸アパートでした。そのうち、毎月家賃を払うよりローンを払って自分の家を持つほうがトクだと気づき、家を買うことを決意したのです。当時は２０００万円ぐらい出せば一戸建てが買えた時代です。『週刊住宅情報』で見つけた千葉の行徳で売りに出されていた19坪ほどの小さな家を買いました。29歳の時でした。

持ち家が欲しい、と思ったのは老後のためではなく、田舎から出てきたので東京に「基盤」を持ちたかったんですね。家を持てば根付く、という感じがあって。

今でこそ**「家を買うならムードに流されず、じっくり考えて」などと人様にアドバイスしていますが、自分の場合は「衝動買い」です。**アパートにしか住んだことがありませんでしたから、階段がついていて、リビングに燦々《さんさん》と太陽が差し込んだ部屋を見て、即決しました。でもやがてその家のトイレのドアが開かなくなり、壁のクロスはカビで真っ黒になり、階段はきしみ……。次々トラブルが発生して3年で引っ越すことになったのです。

でもちょうどその頃、バブルが始まり都心の地価が高騰し始めていました。私の家にも地上げ屋が買い取りの話を持ち込んできて、ここぞとばかりに売買契約を結んで、そのお金で2軒目を買いました。

2軒目は中古で売りに出されていた一軒家で5DKの広い物件です。しかしこの家は、土台にシロアリが発生する欠陥住宅で、補修工事に何十万円もかかってしまいました。3年ぐらい我慢して住んでいたのですが、そのうち床にビー玉を置くと転がるぐらいに家が傾くようになってしまって。子どもの将来のことを考えると「もうここには住めない」とあきらめ、再び、住宅探しの日々が始まったのです。

結局、自分で建てるしかないと思い、2軒目も売って、住みたかった東京都世田谷区の賃貸アパートに家族3人で引っ越しました。理想の家を建てる土地をじっくり探すためのアパート暮らしでした。1年以内に土地を見つけて家を建てるつもりでしたが、土地探しだけで2年もかかってしまい、さらに困難を極めたのがその後です。

昔の木造の民家は100年以上持つのが普通でしたから、丈夫で長持ちする家を建てたいと、知人の建築家に設計を依頼しました。コストを抑えるため、住宅メーカーを通さずに大工や職人たちの手配もすべて自分でやる「直営方式」で建てたのです。「吉野杉」を使うつもりでしたが、原木市場で偶然出会ったクリの木に魅了されてしまい、500本のクリの木を使った総クリの木の家を建てたのです。その後が七転八倒。クリの木は暴れる木と言われていて、柱が割れたり、予算も1000万円以上オーバーしたり、職人さん同士が殴り合いのけんかをしたり、すごいドラマが展開されました。それらの苦労は『職人を泣かせて建てた300年住める家』（角川oneテーマ21）に詳しく書いています。

こんな苦労をした私ですが、自分の家を建てている時が、人生で一番楽しく、後悔していません。**家は「買いたい」時が買い時なのです。**ローンは30年ローンを組んで、私の分はまとまったお金が手に入る度に繰り上げ返済をして終わりました。共有名義なので夫はいくらか残っているかもしれませんが……（笑）。

私の場合は、まだ土地の値段が上がっていた時代ですし、繰り上げ返済でなんとかやってこられたわけですが、今は違います。これからも地価は下がり続けるでしょう。そもそも「家を持って一人前」という価値観が崩れてきています。これだけ空き家があふれる中、大きな借金を抱えてまで家を持つことが幸せなのか、じっくり考えるべきでしょう。

すでに住宅ローンを抱えている人は、**とにかく、「50歳でプラスマイナス・ゼロ」、つまり貯金はないけれど借金もない、という状態に近づけておくと「老後勝ち組！」になる可能性が高まります。**そこから老後資金を貯めることに専念できるからです。

50歳プラスマイナスゼロが老後資金づくりの理想

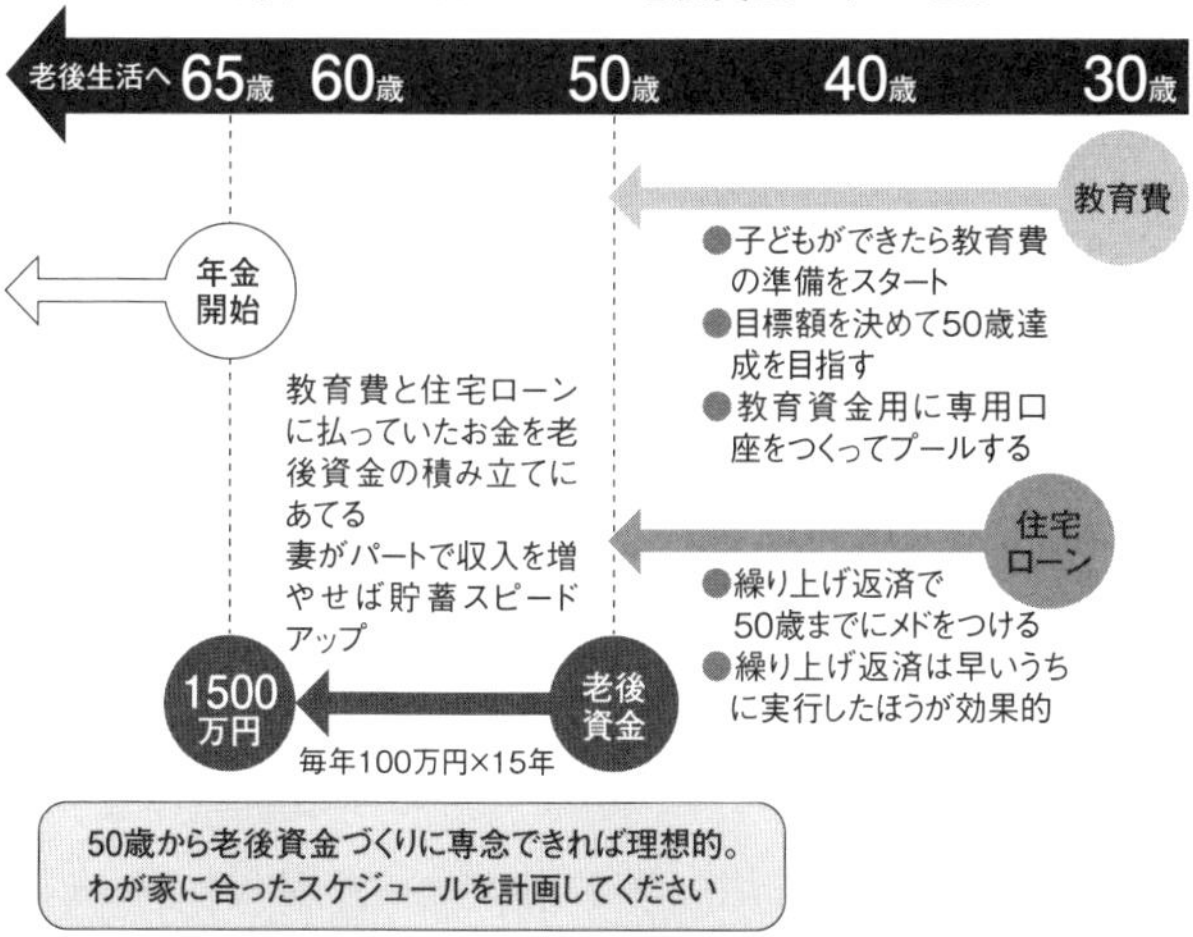
老後生活へ
65歳
60歳
50歳
40歳
30歳
教育費
●子どもができたら教育費の準備をスタート
●目標額を決めて50歳達成を目指す
●教育資金用に専用口座をつくってプールする
年金開始
教育費と住宅ローンに払っていたお金を老後資金の積み立てにあてる
妻がパートで収入を増やせば貯蓄スピードアップ
住宅ローン
●繰り上げ返済で50歳までにメドをつける
●繰り上げ返済は早いうちに実行したほうが効果的
1500万円
老後資金
毎年100万円×15年
50歳から老後資金づくりに専念できれば理想的。
わが家に合ったスケジュールを計画してください

50～65歳までの15年間、ローンで支払っていたお金を年間100万～150万円ずつ貯めることができれば、65歳までに1500万～2250万円の貯金ができます。

私自身の話が長くなりましたが、ここでローンについて考えてみましょう。

住宅ローンは最長の35年返済で組む人が多いですが、仮に35歳で組むと完済は70歳。年金生活に入ってからも住宅ローンの支払いをするのはかなりきついです。

そもそも住宅ローンは終身雇用、年功序列が前提で組まれるようになっています。非正規雇用やリストラが増えている中で、史上空前の低金利だからといって家を買うと老後破産しかねません。じっくり考えましょう。

ローンを組んだ人は「50歳までの完済」を目標にしましょう。それができれば定年までの間にかなり貯蓄に回せます。退職金が出る会社に勤めている人なら、まるまる老後資金として活用でき、老後の生活に展望が開けます。50歳までに終わらせるためには「繰り上げ返済」が有効です。

賃貸か持ち家かは神学論争のように結論が出ませんが、金銭的な問題だけを見た場合、「互角」でしょうね。

ローンを組んでマイホームを買えば返済中の負担は重いものの、ローンが終われば楽になります。かたや賃貸暮らしは家賃の支払いが一生続きます。ただ、持ち家はローンが終わっても固定資産税や修繕積立金、火災保険をはじめとした保険料やリフォームなどの維持費がかかります。一方、賃貸の場合も2年ごとの更新や引っ越しなどがあり、生涯に払う総額にはそれほど大きな違いはありません。

となると、あとはペットを飼いたいとか部屋に釘を打ちたいといった個人の価値観の問題になってきます。マイホームを持つ満足感を取るか、賃貸生活の自由を取るか。メリットデメリットを考えて判断することです。

ただ、「マイホーム＝資産」と考えるのは危険です。特に**マンションの場合、価格の大部分を占める建物の価値は年々、間違いなく下がっていきます**。老後も住み続けるなら、中古マンションは要注意。買う時に40歳だとすれば、その後40年、50年住み続けることになり、80歳、90歳になった時に建て替えもできず住めなくなって引っ越しせざるを得ない事態になると悲惨です。

もし終の棲家に中古マンションを購入するなら、築年数と自分の年齢を見比べること。価格の安さにつられてはいけません。

鉄則3 デフレは続く。脇目もふらずに現金主義を徹底

隠れ貧困に陥らないためには、イザという時に困らないぐらいの預金を持っていることが大事です。

万が一にも夫がリストラされた時のことを想像してみてください。食費、光熱費、住居費などの生活費はどこからか捻出しなければなりません。仕事に就けなくても1年ぐらいはなんとかなるぐらいの貯金は持っておきたいですね。

日本経済はデフレの真っただ中にあります。しかもこの状況は当分続くでしょう。

デフレ期に最もしてはいけないことは「借金」です。もし今、あなたがローンを抱

えているなら、運用しようなどと考える前に、まず借金を返済してください。

インフレになると借金は目減りしますが、デフレ期の借金は放っておくとジワジワと増えていきます。物価の下落でお金の価値が上がれば、借金の実質的な重みも増えていくのです。

デフレの時にインフレの心配をする必要はありません。インフレに傾きつつあるかどうかは、日本国債の金利が上昇し始めたといったニュースを耳にした時、初めて考えればいいことです。

素人があせって投資することは隠れ貧困の引き金を引きかねません。

「こんな超低金利の時に投資しない人は下流老人になります」――そんな言い方をする金融機関や専門家もいますが、耳を貸さないこと。手数料の高い投資商品を売るのは金融機関にとっておいしい商売だからです。

将来の生活がかかっている老後資金は、絶対に減らしてはいけないお金です。特に40代、50代の人が地道に貯めた老後資金を減らしてしまっては取り返しがつきません。

それでも投資をしたい、という人は余裕資金で行ってください。そして、殖やそうなどと思わず、「遊び」「ギャンブル」だと割り切る。最初に決めた金額をスッたらキッパリやめる。

そうした前提で、あえて投資するというなら、自分で判断する個別の株式を選びましょう。リスクが身に染みるし、自己責任だから減らしても納得がいきます。ファンドマネジャーにお金を預けて運用してもらう投資信託はお勧めしません。

「キャッシー荻原」と呼ばれるほど、私が「投資は必要ない」「現ナマ主義」と言い続けているのも、私自身がひと通りのことをやって、痛い目に遭ってきているからです。**株歴は30年ですが、リーマンショックの時は半減しました。投資用マンションは3軒買って5000万円以上の大損をしています。**

だからマンション投資を今まで一度も他人に勧めていません。高い授業料を払っていろんなことをやった結果、「投資＝ギャンブル」ということが身に染みているのです。だからみなさんには「投資よりも貯金」と自信を持って言い続けています。

〝山っ気〟を捨てて、とにかく現金（預金）を持ちましょう。預金の王道はなんといっても積立預金で、貯金を殖やす最大のコツは「先取り貯蓄」です。

貯蓄がなかなか殖やせていない人は「余った分だけとりあえず貯める」というパターンが多く、結局、「今月は貯められなかった」といった人が多いのですが、先取りの仕組みをつくることが大切です。サラリーマンなら社内預金や財形貯蓄の仕組みを最優先に使いましょう。

社内預金とは、会社が従業員の給与の一部を天引きしてお金を預かり、貯蓄を行う仕組みのこと。従業員は最初に申請や金額設定をするだけで、あとは何もしなくても勝手に貯蓄が貯まっていくので便利です。

社内預金はないが会社に財形貯蓄があるという人は、財形で積み立てるのがいいでしょう。金利は提携している金融機関や金融商品によります。

財形住宅貯蓄と財形年金貯蓄

	財形住宅貯蓄	財形年金貯蓄
利用できる人	満55歳未満の勤労者で、他に財形住宅契約をしていない人（「一般財形貯蓄」「財形年金貯蓄」との併用は可能）	満55歳未満の勤労者で、他に財形年金契約をしていない人（「一般財形貯蓄」「財形住宅貯蓄」との併用は可能）
使いみち	住宅の建設、購入、75万円を超えるリフォームなど	満60歳以降に年金として受け取ることができる。5年以上20年以内（保険商品の場合は、終身受取も可能）
積立期間	5年以上	5年以上
積立方法	毎月の給料や夏・冬のボーナスから天引き	毎月の給料や夏・冬のボーナスから天引き

財形貯蓄には目的を限定しない「一般財形」、マイホーム購入のための「財形住宅」、老後の生活資金のための「財形年金」の三つがあります。「一般財形」だけは銀行の預貯金と同じ20％の利子課税がありますが、「財形住宅」と「財形年金」は「非課税枠」があるため、普通の貯蓄よりもメリットがあります。

社内預金や財形貯蓄がない会社に勤めている人は銀行の自動積立を利用しましょう。給料が振り込まれた後に、振り込み口座から毎月一定額が自動引き落としされ、貯蓄用の口座に積立してくれる仕組みです。

その際、**給与振り込み口座と違う銀行でわざわざ積立をスタートするのは得策ではありません**。毎月給料の中から一定額を引き出してほかの銀行に持っていって預金するのは途中で面倒になってやめてしまい、積立が長続きしない可能性があります。積立というのは、自分では忘れていても自動的に一定額が積み立てられ、必ず貯まっていくというのが、最終的には長続きするし、長続きすればそれだけ貯金も増えていきます。

積立段階では、利率よりも便利さを優先しましょう。

鉄則 4
保険は掛け捨て、最低保障額で十分

生命保険文化センターによると、生命保険の保険料は1世帯平均約42万円。サラリーマンの年収の1割ほどを保険に払っていることになります。これを半分にカットできれば、年間20万円以上貯金ができます。老後までの25年間で、500万円の差がつきます。

私たちは、**健康保険制度や年金制度などの国の制度によって、ある程度の保障を持っています**。サラリーマンなら会社の福利厚生も頼りになります。それでも足りないと思えば、民間の保険に「必要な分だけ」加入すればいいのです。入るなら掛け捨てで十分です。

そもそも保険の目的は、自分に万が一のことがあった場合に家族の生活が保障されることです。働き盛りのサラリーマンが亡くなった場合、子どもが18歳になるまで国から遺族年金が出ます。自営業者の場合で毎月10万円ぐらい、サラリーマンだと遺族厚生年金が上乗せされるので毎月15万円前後はもらえます。

さらに**住宅ローンがある場合は、多くの場合、団体信用生命保険で残りのローンが相殺されます**。となれば、自分で加入する保険は教育費だけまかなえる保障額で十分ということです。

ただ、気にしなければならないのは子どもの教育費。子ども1人を大学まで行かせると約1000万円かかりますから、稼ぎ頭がいなくなった場合、遺族年金で基本的な生活費はまかなえても、教育費は足りま

世帯年間払込保険料(全生保)[世帯主年齢別]

(万円)

	2003年	2006年	2009年	2012年	2015年
全体	53.3	52.6	45.4	41.6	38.5
29歳以下	28.3	26.0	31.7	20.2	24.2
30〜34歳	38.2	36.4	33.1	31.0	27.6
35〜39歳	48.2	39.7	37.0	31.7	32.9
40〜44歳	54.5	54.8	46.9	40.3	41.0
45〜49歳	60.9	59.8	51.3	46.2	44.2
50〜54歳	56.2	58.1	47.6	51.8	49.8
55〜59歳	63.0	60.4	55.1	51.3	49.2
60〜64歳	58.7	58.3	48.2	43.4	43.4
65〜69歳	52.3	53.4	42.1	39.4	33.9
70歳以上	47.5	48.6	43.3	37.7	29.9

※全生保は民保(かんぽ生命を含む)、簡保、JA、県民共済・生協等を含む

出典:生命保険文化センター

せん。そうしたことに備えて、子ども1人につき1000万円ぐらい死亡保障が出る生命保険に入っておくのはいいでしょう。しかし、子どもが巣立てば生命保険の保障は減らせます。

医療保険についても、世界に冠たる健康保険制度を持つ日本では、1〜3割の自己負担で受診できます。たとえば100万円かかる入院でも、3割負担なら30万円の自己負担で済みます。

さらに「高額療養費制度」によって、かかった医療費が一定以上になったら、超えた分を払い戻してくれる制度もあります。 平均的な収入の人で実際の負担は9万円弱です。医療保障もそれほど高額でなくて大丈夫です。なお、「高額療養費制度」については第4章で詳しく解説します。

もうひとつ、サラリーマンなら傷病手当金があります。健康保険対象後の治療や入院時の差額ベッド代などは対象外ですが、青天井で医療費負担が増える心配はありませんので、民間の医療保険にあまりお金を使う必要はないのです。

ただし、1993年以前に加入した運用利回り（予定利率）が5％以上の高い終身保険など貯蓄性の保険は、別です。バブル期に加入した保険の中には、高額の保障がついた「お宝保険」が残っている可能性があります。**有利な時代に入った貯蓄型保険をやめてしまうのはもったいない。貯金代わりになっている場合が多いのであせって解約しないほうがいいでしょう。**

鉄則5 夫婦2馬力で稼ぐ

夫1人の細腕にすがって家族全員が食べていくことは大変な時代になりました。リストラが日常茶飯事に行われる中では、夫だけの収入に頼ることはリスクです。今大切なのは家族が助け合い、協力しあって2馬力で稼ぐことです。

たとえば妻が年80万〜90万円の収入を得たとして、これを貯蓄にまわせば10年で8

00万〜900万円になります。40代後半から60歳まで10年ちょっと働けば、老後資金に1000万円の差がつくのです。この家計改善効果を生かさない手はありません。夫の出世を待つより早い道ではないでしょうか。

荻原家も代々夫婦共稼ぎです。祖母も母も教師で、周りには専業主婦が1人もいなかったので、幼心に「私も一生働くんだ」と思っていました。

ただ、〝隠れ貧困組〟のバブル世代の妻は「私に合った仕事がない」「フルタイムで働くのはキツイ」などと言い訳をして一歩を踏み出さない人も多いようです。夫も「家事はちゃんとやってもらわなきゃ困る」などと言います。

でも、今の時代、食器洗いは食洗機、掃除はロボット掃除機ルンバなどがあり、家事も電化されていますし、妻が働きに出て社会の風に当たれば、「あなたも組織の中で大変ね」と理解が生まれ、夫にやさしくなれるのではないでしょうか。**収入面だけでなく夫婦間の精神的な安定が得られるメリットもあると思います**。

働ける人はとにかく働くことを絶対にお勧めしますが、パートで働く場合、悩みどころが扶養の範囲です。

「103万円の壁」「130万円の壁」について聞いたことがある人も多いでしょう。妻のパート年収が103万円以下なら、基礎控除38万円+給与所得控除65万円があって、所得税はゼロになります。そして103万円を超えると、所得税と住民税（年収100万円超から）がかかるようになります。また、配偶者控除から配偶者特別控除へ移行し、少しずつ夫の手取りが減っていきます。これが103万円の壁です。

「130万円の壁」は、妻の稼ぎが130万円未満までなら夫の健康保険を使えるし、年金保険料を納めなくても済むのですが、130万円以上になると、自分で健康保険や年金の社会保険料を納めなくてはならず、手取りが減ってしまいます。そこで主婦の大半は、「壁」を超えないように働いているのです。

今年10月からは130万円の壁に代わる「106万円」の壁が現れます。

年収106万円以上（月収8万8000円）で「週20時間以上勤務」「雇用期間1年以上」「被保険者数が501人以上の企業で働いている」という要件を満たすパートタイマーは、社会保険への加入が義務付けられることになりました。手取りが減少しないように加減して働く必要が出てきます。ただ、フリーランスで働くか企業で働くかによって税金の負担は異なり、また夫が受けている控除も影響を受けます。長い目でみると自分の厚生年金も受け取れるようになるわけですから、「壁」など気にせずバリバリ働くことを第一に考えてもいいでしょう。

「壁」を超えて働くこと、世帯年収を殖やす方法について夫婦で話し合ってはいかがでしょう。

専業主婦に有利な仕組みだった「配偶者控除」も廃止が議論されていますし、民間企業ではトヨタ自動車が２０２１年までに段階的に配偶者手当を廃止し、その分を子ども手当の引き上げに当てることを決めています。

夫だけが働き妻は家を守るというスタイルが時代にあわなくなってきているのは確かです。何より働けば新しい人間関係が築けますし、社会の一員であることを実感できます。脱・隠れ貧困には妻の労働が一番の特効薬です。

鉄則 6

今ある制度を知り、とことん利用する

社会保障制度が複雑でわかりにくいのは確かですが、困った時に「何か利用できる制度はないか」「どこか相談する窓口がないか」を調べたり、聞いたりすることが大事です。

私が「生命保険はそれほどいらない」と口酸っぱく言い続けているのも、前述のとおり、**すでに私たちが持っている保障があることを知らず、そのありがたさに気づいていない人があまりに多い**からです。

病気や介護についてもむやみやたらに怖がる必要はありません。私は「介護お化け」と呼んでいるのですが、介護に数千万円かかって老後破産してしまうかも、と不安に押しつぶされている人が多いのですが、実際に介護に直面した経験者に行った生命保険文化センターのアンケートによると、一時的にかかった費用は91万円、月々かかっ

た費用は平均7・7万円、介護に要した期間は4年9カ月です。つまり、トータルすると実際にかかった費用の平均額は約530万円なのです。

介護保険制度によって、介護費用は基本的には1割負担（一定所得以上は2割）ですし、**負担が一定額を超えたら、超えた額が戻ってくる「高額介護サービス費制度」もあります**。また、介護費用と医療費の2つの負担が重なって高額になった場合には「高額医療・高額介護合算療養費制度」で負担が軽減されます。

見えない「お化け」に脅えるよりも、万が一に備えて、介護の司令塔になる自宅近くの「地域包括支援センター」を調べておいたり、要介護・要支援認定や、さまざまな高齢者施設について一定の知識を持ち、介護を経験した人の体験に耳を傾けたりなど、制度についてある程度の知識や知恵を身につけておくほうが大事です。

ます。

鉄則7 漠然とした不安の「正体」をはっきりさせる

私の性格でもあるのですが、何ごともまずはポジティブに考えたほうがうまくいきます。

年金も医療制度もアテにはならないから、今から節約と我慢をして準備する、という真面目な人も多いのですが、そんな人生はつまらないです。

昔の還暦といえば老人、ご隠居でしたが、今の還暦ボーイ、還暦ガールはパワフルです。ちなみに私も自分自身が60歳を超えたことに気づきませんでした。**還暦を境に老境に入るなんてもはや過去の話です。老後は現役時代のオマケのような期間ではなく、組織に縛られない自由な時間を謳歌でき、忙しくて叶わなかった夢にチャレンジできる「第二の青春」だと思いましょうよ。**

そのためには健康を維持すること。健康であれば介護費も医療費も少なくてすみます。また、お金だけでなく人間関係や趣味など心の拠り所を持つことです。老後の準備というと、お金のことばかりに目がいきがちですが、お金さえあれば幸せなわけではありません。お金より、友人がたくさんいることが財産ですよ。

そうは言ってもやっぱり不安……という心配性の人は、何が不安なのかを自分で整理してみましょう。「住宅ローンが何千万円残っている」「子どもが留学を希望している」「退職金が出ないかもしれない」「親が介護になったら」「自分が認知症になったら」など、**不安に思っていることや、それぞれについて負担が続く「期間」や「金額」をノートに書き出してみましょう**。不安が可視化されることで、すぐにでも解決できることが見つかったり、モヤモヤしていた頭の中がすっきりしたりします。まずは現実を直視することです。

また、50~60代は自分の資産がどのくらいあるのか「棚卸し」をすることをお勧めします。預貯金がいくらあるのか、株式や投資信託、外貨預金などの投資商品は買った時にいくらで、時価はどれぐらいになっているのかを調べましょう。生命保険や損害保険、家や土地、車の時価評価額も書き出しましょう。借金もです。資産状況が把握できれば、意外と安心できるものです。

多くの人がとても気にする老後資金についても、3000万円だったり1億円だったり諸説ありますが、老後の暮らしに必要なお金は人によって違います。

「それでもあえて目安を」と聞かれれば、私は「65歳までに夫婦2人で最低1500万円」と答えています。平均的な暮らしぶりのサラリーマンの夫と専業主婦の妻、という家庭の場合です。内訳は、1人分の介護費用が500万円、医療費など予備費として1人250万円とみて、合計1500万円です。

50歳から65歳までの15年間で1500万円貯めるなら、年間100万円です。月にすると8万3333円。住宅ローンが終わって子どもも独立し、妻がパートなどで働けば無理な額ではありません。積立期間が10年なら年間150万円（毎月12万5000円）、20年なら年間75万円（毎月6万2500円）です。

いざという時の老後資金1500万円が確保できたら、残りは自分たちのために楽しく使いましょう。家庭裁判所でもめたケースの3分の1が、1000万円以下の財産相続なのです。子どもに残しても争いがおきるのでは元も子もありません。自分たちで**稼いで貯めたお金は、自分たちで楽しく使い切りましょう！**

私は洋服は半年に1回ぐらいバーゲンに行ってまとめて買ってきます（笑）。飲み代は多いですね。若い人にごちそうするのが好きなので。あとは……釣りぐらいでしょうか。あまり使いませんね。

鉄則 8 とにかく長く働き年金は遅くもらう

2015年4月からマクロ経済スライドが発動され、**物価が上がっても年金額はそれほど増えなくなりました**。私たちの年金積立金を運用している年金積立金管理運用独立行政法人（GPIF）が運用損を拡大しています。安倍首相は「想定の利益が出ないから当然支払いに影響する。給付で調整するしかない」と言うのですから尻ぬぐいをするのは国民なんです。

東京オリンピックの前年の２０１９年に、公的年金が維持できるかどうかを検証する「財政検証」がありますが、ここで支給開始年齢の引き上げがあると予想されます。

オリンピックの1年前で、景気がまだどん底ではなく、その機に乗じて支給開始年齢の引き上げなどが行われるのではないか、と私は見ています。今の50代は65歳支給のままの可能性がありますが、**40代はおそらく67歳か68歳支給ということになるのではないでしょうか**。30代以降は、ゆくゆくは70歳受給も覚悟する必要があります。

受給額も、厚生年金の平均モデルでは30年後に２割減、月19万円ぐらいを想定しておいたほうがいいでしょう。

逃げ水のように年金支給開始年齢は遅れ、額もじりじりと減っていくわけですが、働けるうちはしっかり働いて、年金をもらう時期を遅くすれば受給額は増やせます。年金の支給年齢は通常65歳ですが、希望すれば60歳からでも70歳からでももらうことができるのです。

遅くもらうことを「繰り下げ受給」といい、1カ月遅らせるごとに年金額が０・７％

加算されるのです。「繰り上げ」とは毎月の年金の額を減らす代わりに、本来は65歳以上にならないともらえない年金の支給時期を早めるというものです。

65歳より後でもらうようにしていれば、年金額が加算されます。なお、「繰り下げ受給」と「繰り上げ受給」に関しては、第4章で詳しく解説します。

ちなみに私は長生き家系ですので、働けるだけ働いて遅くもらう予定です。

書くことが何より好きですし、世の中に貢献できる術だと思っているので、健康が続き、お仕事の依頼がある限り、書く仕事で世の中に発信していきたいと思っています。ただし漫画を描けといわれても無理（笑）。原稿書け、と言われたらいくらでも書けますけど。今はいい時代で、どこにいてもネットで発信することができますしね。

収入が少なくて保険料が支払えないという人も増えていますが、その場合は未納のまま放置せずに、市区町村に免除や納付の猶予の申請をしましょう。

所得の判定は本人、配偶者、世帯主それぞれの前年所得（1～6月分については前々年）が基準となり、所得により保険料免除の割合が変わります。

免除には①全額免除、②4分の3免除、③2分の1免除、④4分の1免除があります。

免除にはこのほか学生免除（20歳以上の大学生など）、若年者免除（30歳未満）、失業免除があります。

20歳になっても未納のまま放置すると、けがや病気で障害が残った際、障害基礎年金の支給対象にならない可能性が高いのです。年金は老後のためのものと思いがちですが、現役世代でも思わぬ事故などへの備えでもあるのです。生活が苦しくて年金保険料が払えないという人は、まず、年金事務所に相談してみましょう。

年金は２カ月に１回支給されます。２カ月分がまとめて入金されるので、一度に使ってしまわないよう工夫が必要です。介護保険料や国民健康保険料、後期高齢者医療保険料などは基本的には天引きされていますから、残りを生活費に回します。

支給額から社会保険料と税金を引いた残りを２で割ると、１カ月の生活費の額が出ます。１カ月分を引き出して、その範囲で生活するよう心がけましょう。

１カ月の生活費は家計用口座に移して１週間ごとに引き出したり、あるいは「食費」「雑費」「その他」と費目別に予算を決めて袋分けしたりして管理しておくと便利です。

限られた範囲で生活するわけですが、まず、買い物にでかける前には冷蔵庫の中身をチェックし、献立を決めてからでかけましょう。**献立が決まっていないとつい無駄なものを買ってしまう**からです。

また、おなかがすいている時にはつい甘いものなどを買ってしまいがち。そんな時は飴を口に入れておくと空腹にまけずにすみます。

マイナス金利でも「お金を貯める」

日銀が導入したマイナス金利で、銀行の利息は超低空飛行です。2月にメガバンクのスーパー定期（1年もの）の利息は0・025％から0・01％に引き下げられました。銀行に預けていても利息はつかないため、コツコツ派にとって強い向かい風です。ここからはマイナス金利対策も見ていきましょう。

マイナス金利導入後も、高い預金金利を維持する地銀や信用金庫のインターネット支店は探せばあります。

さらに地域に根ざした信用金庫には、ユニークな預金もたくさんあります。それらの高金利商品に関しては、第2章で詳しく解説します。

入会や問い合わせが殺到しているのがデパートの友の会の積立。毎月5000～1万円を12カ月積み立てれば、13カ月分の利用券（カード）がもらえるのが一般的です。

月々1万円を12カ月積み立てて13万円分の利用券がもらえる場合、利率換算すると実質年率は15％を超えます。さらに、友の会会員になると、ホテルやレストランの優待サービスなどさまざまな特典もあります。

旅行好きの人なら「旅行積立」。あらかじめ旅の費用を積み立てておくと、銀行よりも有利な利率で上乗せの金額がついてきます。ただし、一部の旅行積立を除いて、基本的には積み立てたお金は旅行券にしか使えません。

預金があるなら、それを活用して「まとめ払い」をすると、預金金利を得る以上の効果が得られます。

ＮＨＫの受信料を12カ月前払いすると、月払い合計2万６７６０円に対し１９９０円引きで、割引率は７・４％（衛星契約で口座振替またはクレジットカード等での支払い）。国民年金保険料、生命保険や火災保険、地震保険もまとめ払いがあります。

預金や公共料金などの支払い、さらにはポイントカードなど、身近なところに節約のカギが隠されています。それらを見直すだけで、思いがけないお金が転がり込んでくるかもしれませんよ。

第2章

お金の話

投資、貯蓄、賢い消費の仕方

1 ぜいたくしてないのに年々貧しくなる 中流以上でも危ない家計「隠れ貧困」

今、貯金ができない人が急増しています。2013年度の「国民経済計算確報」では、家計の貯蓄率が史上はじめてマイナスになりました。1970年代半ばにはプラス20%以上あった家計貯蓄率は、2000年代に入ってプラス0~3%で推移し、安倍政権になってからはマイナスに突入しています。

給料が上がらない中で、物価上昇や増税、社会保険料の負担増など、貯蓄できる余裕がどんどん減り、すでに日本では、平均的な収入の半分以下の「相対的貧困」家庭が約16%まで増加しています。

しかも、年収は高くても、貯金できない家庭も増えています。「貧困」ではないのに、貯金できない家庭というのは、将来的に「貧困」に陥っていく可能性がある「隠れ貧困」家庭です。

金融広報中央委員会が2015年に発表した調査結果によると、年収が300万円未満だと貯蓄ゼロの人は42%。これは、収入が低いですからわかります。けれど、年収750万円以上1000万円未満で貯金ゼロの人が11・2%。年収1000万円以上1200万円未満で13・5%。**なんと年収1200万円以上でも、11・8%が貯蓄ゼロ**なのですから、どうしてと不思議になります。

なぜ、高収入でも貯金することができないのか。取材してみると、多かったのが、バブル時代に消費の楽しさを知り「ワンランク上」とか「自分にご褒美」などの言葉になじんでいる人、「割引」や「バーゲン」などの言葉に引かれて無計画に買い物してしまう人、一見するとしっかりしているように見えるのに「人並み」「○○だけは譲れない」という言葉に縛られ、これまでの生活を変えられない人、「子どもの教育にはお金を惜しまない」という考え方で無理に無理を重ねる人……。

特に切実なのが、40代の家庭。上昇志向が強い団塊世代の親たちのプレッシャーを受け、うつむき人生なのに子どもへの期待だけは大きく、子どもに劣等感を感じさせない人生を歩ませようと小さな時からたくさんの習い事をさせる。これでは、どう見ても貯金できず、お金がかかる大学まで行かせるのは難しいと思う人もいます。

貯蓄ができないと、突発的なことが起きたら家計はまわらなくなります。家計をまわすためには借金をしなくてはなりませんが、**貯蓄ができない家計だと、借金を返すのがなかなか難しい。返すために、また新たに借金するという悪循環に陥りやすくなります**。一見すると高収入で、問題がなさそうな家庭でも、将来、貧困に陥りかねないこうした「隠れ貧困」家庭は、今のうちに何らかの対策が必要でしょう。大切なのは、今までの常識にとらわれず、限られたお金を最も有効に使うことで少しでも貯蓄する余力を家計で確保すること。そのためには、今までの価値観を変える必要もあるかもしれません。かけ声ばかりのアベノミクスで生活が悪化する中、今後ますます増えそうな「隠れ貧困」。ですが、みなさんは陥らないよう注意してくださいね。

POINT!

バブル時代の価値観を捨てましょう

2 「資産の棚卸し」と公的制度の利用で「どんと来い、老後!」といきましょう

「老後が、不安だ」という人が増えています。老後の心配で大きいのは、健康とお金。特に、お金については、かなり蓄えておかないと公的年金もあてにならないので健康も保てないと思う人が多いようです。

私のところにも、いろいろ相談が寄せられますが、具体的な相談というよりも漠然とした不安が大きいようです。その**漠然とした不安のせいで、ほがらかに安心して暮らせない**というのです。

そういう人にお勧めしているのが、**「資産の棚卸し」**。商店や企業で、財産がどれくらいあるのかを確認するのと同じように、自分が持っている財産を確認するのが「資産の棚卸し」です。

預貯金、証券だけでなく、家、ローン、保険などの現状を書き出してみると、意外にいろいろなものを持っていることがわかります。自分の資産を一目瞭然に書き出しておくと、現状把握ができます。

よくいろいろな雑誌で、老後までに5000万円ないとダメだとか7000万円必要などと書かれています。確かに、働かずに死ぬまで遊んで暮らすなら、それくらい必要かもしれません。けれど、定年退職後も多少なりとも働いて収入を得る人は多いし、田舎に帰れば野菜などタダでもらえるので、食費が少なくていい人もいます。

そもそも、会社を定年退職する頃には住宅ローンも払い終わり、子どもも一人前になっています。今のサラリーマンは年金もそこそこにもらえるので、その範囲内で生活できる人も少なくない。だとしたら、**あとはイザという時に備えるだけのお金があればいいということになります**。

病気になっても、高額療養費制度があるので、半年入院しても治療費は40万円から50万円程度。老人だと、もっと安くなります。介護にはお金がかかりますが、それでもかかるお金の平均は、1人500万円ほど。ちなみに私の父は、95歳で運転免許証の更新をするぐらい元気。そういう人もいます。

だとすれば、イザという時に1500万円くらいあれば何とかなるでしょう。もし足りなければ、家を持っている方が多いので、売却するという選択もあります。

怖いのは、老後のお金をもっと殖やそうとあせって投資をし、逆に目減りさせてしまうこと。また、自分たちはケチケチ生活して、大金を子どもたちに残しても、このお金が火種となって相続で骨肉の争いが起きること。

だとすれば、理想は、持っているお金の範囲内で楽しく生活し、死ぬ時には、きれいにお金を使い切ってあの世に旅立つこと。

あたりまえのことなのですが、それがなかなかできずに頭を悩ませている人が多いようです。

実は、そうしたみなさんの悩みを、なんとか解決できないものだろうかと毎日新聞出版から相談を受け、『荻原博子のどんと来い、老後!』という本を出しました。

年金、医療、介護、相続など、多くの方のお悩みに答えた本で、「老後の準備はどうすればいいか」「年金は、本当にもらえるのか」など、生活に密着した不安に、一問一答で答えています。**同じような悩みを抱えている方もいるかもしれませんので、ぜひ参考にしてみてください。**

再び私の父の話で恐縮ですが、いつも楽しいことを考えて、小さなことにクヨクヨしない。それが長生きの秘訣《ひけつ》かもしれません。

POINT!

貯めたお金は自分で使いましょう

3 金利0・2%超も飛び出した!狙い目は中小金融機関のユニーク預金

日銀の当座預金のマイナス金利適用で、私たちの預金も軒並み金利が下がりそうです。今回のマイナス金利の影響をモロに受けるのは、ゆうちょ銀行とメガバンク。ゆうちょ銀行は、貸し出しをしていないので、みなさんが預けたお金の約半分を国債で運用し、約4分の1を日銀の当座預金などに預けています。ところが、国債の金利は下がり、当座預金に積み増すとその分はマイナス金利になるので大変な状況。

ただ、この**マイナス金利の影響を受けない預金もあります**。まずは、社内預金です。社内預金の金利は、労働基準法第18条第4項で、0・5%以上と決まっています。0・5%というのは、この超低金利時代にはありがたい利率。ですから、会社にお勤めの方は、まず自分の会社に社内預金がないかどうか調べ、あったら目いっぱいそこに預けておくといいでしょう。

次に注目したいのが、**地方銀行と信用金庫のインターネット支店**です。まずは地銀から。高知銀行のネット支店「よさこいおきゃく支店」では10万～100万円まで1年ものの定期預金の預金金利が0・3％。通常の店舗では0・02％ですから、かなり高い金利と言えるでしょう。

鳥取銀行「とっとり砂丘大山支店」の1年ものの定期預金の金利は0・28％で、県外在住の人用の専用商品「故郷とっとり応援定期」（預け入れは500万円から）はなんと1年もので0・4％とさらに高い金利が設定されています。

一方、信用金庫のネット支店も高い金利が目立ちます。豊田信用金庫（愛知県）では4月に「とよしんインターネット支店」開店キャンペーンとして9月末までの口座開設で金利0・3％。同じ愛知県の岡崎信用金庫の「おかしんインターネット支店」も岡崎市制100周年を記念して1年、3年ものの定期預金の金利を0・2％にしています。

信用金庫では通常の店舗でも高い金利が目立ちます。遠賀《おんが》信用金庫（福岡県）の「あんしん定期預金」は、金利年0・15％と高めで、しかも年金受け取りや給与振り込み、公共料金の支払いなどをセットにすると年0・2％になります。熊本第一信用金庫も、2月10日から、50歳未満なら年0・1％の「若者金利アップ定期預金」の取り扱いを始めています。西武信用金庫（東京都）も、3月から3年〜5年ものの定期預金の店頭金利に0・01〜0・02％を上乗せします。

また、**信用金庫には地域密着型のユニークな預金もかなりあります**。

たとえば、巣鴨信用金庫（東京都）では、65歳以上の人が免許を自主返納したら、定期預金に1年間、店頭金利よりも0・1％高い金利をつけてくれます。

但陽信用金庫（兵庫県）には、子どもが増えれば金利が上がる「にぎやか家族」という預金が。子どもが3人だと金利は0・1％上乗せ、4人だと0・2％、5人以上だと0・3％上乗せになります。

城南信用金庫（東京都）では、ソーラーパネルの設置や蓄電池の購入など環境へ10万円以上の設備投資をしたら100万円を上限として特別金利1％の定期預金を扱っています。JA横浜（神奈川県）では、介護している人に対して500万円を上限にスーパー定期預金の店頭金利に1%の金利上乗せをしています。

敦賀信用金庫（福井県）では、燃えるゴミの量が減ったら金利上乗せしてくれるし、地元の野球チームやサッカーチームが優勝したら預金金利を上乗せしているところもあります。同様に地元のスポーツを応援する預金は日本各地にあります。

なぜ信用金庫は、こんなに元気なのか。それは、地域に根をはり、地元の中小企業を支え、商店街を支える地域金融として、汗をかきドブ板営業をして仕事を掘り起こしているから。**銀行は株式会社なので利益を上げなくてはなりませんが、信用金庫は利益を地域に還元しなくてはいけない非営利組織。相互扶助の側面を持った金融機関です**。ですから、みなさんの預金をしっかり預かり、それを地域の中小企業や商店にまわすことで地域経済を活性化させるという金融本来の仕事をしているのです。

POINT!

探せばある！　信用金庫の高金利

4 まだまだデフレは続きます！ インフレ対策より優先すべきは借金返済

経済のことは、難しくてよくわからないという人が多いようです。でも、いつも思うのは、ガチガチな経済理論で邁進《まいしん》する人よりも、**普通に商売している人のほうが、意外と経済の動きがよくわかっているのではないか**、ということです。

たとえば、一時流行《はや》ったインフレターゲット論。インフレになるという期待値を高めれば、本当にインフレになるので、目標値を決めてそこまではお金をバラ撒《ま》き続ければいいという理論。これを実践したのが、日銀の黒田東彦総裁。

この理論の実践のために、２０１３年にバラ撒くお金を2年で2倍にし、２年後に２％の物価上昇率を達成するという「黒田バズーカ」をぶち上げました。けれど2年後の２０１５年12月の物価上昇率は、２％どころか０・２％という惨状。２０１６年

4月で見ると0・3%の下落となっています。

ここ1、2年、一貫して、インフレにはならないので心配せずに、現金を増やして借金を減らすデフレの対応をしっかりしましょう！　と言い続けてきましたが、それが数字で証明されました。

もっとも、**どんなにインフレになると言われても、給料が上がらなければモノが買えず、消費が増えないことぐらいは、私が偉そうに言うまでもなく、すでにみなさんのほうがよくご承知でしょう**。

実際に、物価の上昇分から給料の上昇分を差し引いた実質賃金は前年から0・9%下回り、4年連続でマイナスを記録しています。

ただ、黒田総裁にも、同情すべき点はいくつかあります。

アベノミクスの第一の矢として黒田バズーカを華々しく撃ったのに、第二の矢の財政出動は途中で腰砕けになり消費増税で完全に腰折れ。第三の矢の成長戦略は、ほとんど出てこなかった。せっかく日銀が、金融緩和という麻酔を打って手術できるようにしたのに、経済が元気になったと勘違いして手術しなかったどころか、マーケットを官製相場にしてしまった。

日銀は先陣切って突撃したのに、振り返ったら後ろに援軍がおらず、今さら引き返せないので、ひたすら突撃せざるをえない状況。引き返そうとすれば、中央銀行としての誤りを、マーケットに突かれて反撃される恐れがあるからです。

なので、今までのように銀行から国債を買い上げて現金を流す金融緩和を続けざるをえない。2015年の第1四半期を終えた時点で日銀は日本国債の約3割を買っていて、ロイター通信の予測では、このままだと18年には日本国債の半分を日銀が持つとのこと。

まあ、**政府の借金を、国債を買うことで身内の日銀が肩代わりするのですから、国債の半分を日銀が持てば政府の借金は実質的には半分になります**。借金が減れば、財政破綻もない。

ただ問題は、日銀がブラックホールのように、永遠に日本国債を吸い込み続けられないこと。1998年ごろ、国債のブラックホールだった大蔵省の資金運用部が、大量に持っていた国債を売りにまわると発表した途端に、長期金利が上昇して「資金運用部ショック」が起きました。当時、大蔵省に在籍していた黒田総裁は、それを肌で感じていたはずです。

今は、**株式市場も債券市場も、やめるにやめられない官製相場。**いつも言っていることですが、デフレは続くし、当分インフレにはなりません。だとしたら、今からインフレ対策をするなんてナンセンス。デフレの中では、現金貯めて借金返す！

POINT!

デフレの今が、現金を貯めるチャンス！

5 まだまだ続きそうな「官製相場」投資はセミナーより実践で学びましょう！

２０１５年に日経平均が2万円に回復して以来、投資をしたいという人が増えています。以前から指摘しているように、**今や株式市場は「官製相場」。年金、共済年金、ゆうちょ・かんぽ、日銀などが相場を買い支えています。**

年金は、今まで約１３７兆円のうち、19・８％（２０１４年12月末）が株式運用されていましたが、これを25％まで引き上げました。しかも、ここからプラス・マイナス９％までは株を買えるので、最大34％まで株を買うことができ、その額なんと20兆円弱。

誰が買うかといえば、国家公務員共済など三つの共済で３兆円強、かんぽ生命で２兆円強、ゆうちょ銀行で５兆円強。加えて、日銀が３兆円ほどあるので、株を買える額はトータルでは33兆円を超えます。

一方、東京証券取引所の1日の売買高は、たかだか2、3兆円。こんな小さなマーケットですから、政府の采配ひとつで簡単に株は上がり、投資の6～7割を占める外国人投資家も、このおいしい相場に群がっています。

心配なのは、私たちの年金積立金や保険料、貯金、税金が、最後にどうなるのか。

そこで今回は視点を変え、今、投資をしたい方向けの話をしましょう。

最近は、さまざまな経済指標が良くないだけに、せめて株価だけは高値維持したい政府。今年7月の参院選挙を考えたら、今の水準を落とさない「官製相場」は続きそうです。

マイナス金利で預けるよりは、少し運用してみたいという人は、火傷しない程度の余裕資金で。

株式投資を始める時に、多くの方は「勉強しなくては」と思う。もちろん、勉強は大切です。ただ問題は、「はじめての株式投資」など証券会社主催の投資セミナーに出かける人たちです。

ひと言申し上げると「初心者ほど、投資セミナーには行かないほうがいい」。投資セミナーに行くと、アンケートと称して、住所、氏名、年齢などを書かされ、場合によっては資産状況なども記載させられ、その後はセールスマンによる勧誘攻勢にさらされるからです。鴨《かも》がネギをしょって行くようなもの。

関係者の方にはお叱りを受けそうですが、無料で行われる初心者向け投資セミナーは、要は、手っ取り早く投資希望者の名簿を作るものだと思ったほうがいい。

もし、本気で株をやってみたいと思ったら、そんなところに出かけていくのではなく、一番手数料が安いネット証券会社で口座を開き、自分が有望だと思う株を一つ買ってみることです。

その株の値動きを見ながら、なぜ上がったのか、なぜ下がったのかを考えると、投資というものをリアルに考えられます。

株の世界では、プロもアマも同じ土俵で勝負します。プロと違い、サラリーマンは、四六時中株を見ていることはできません。釣り人感覚で、朝、○○円になったら売る（買う）という注文を「指し値」で入れ、夜、会社から帰ってきたら結果を見て一喜一憂しましょう。その程度の投資でも、やっているうちに、リスクとは何かわかってくるはずです。

ただ、**「官製相場」は歪《ゆが》んだ相場。思わぬところでマーケットの反撃を受けることもある**ので、世界情勢や国内情勢、企業情報などをしっかり見て、下がりそうだったらすぐさま売るという相場の勘を鍛えましょう。また、くれぐれも余裕資金でやらなければダメです。

POINT!

初心者はネット証券会社が狙い目

6 買ってはいけない！　売れている投資信託 人気商品ほど元金が目減りする恐れがある

マイナス金利になって、貯金よりも投資だという雰囲気です。

ただ、投資の本を見ても投資相談に行っても、なんだか**銀行や証券会社に都合の良い投資ばかりが目につくような気がします**。リスクとリターンで見ると、リターンが強調されすぎている気がします。

昨年、投資に関する本を出しましたが、その中に「一番売れている投資信託は、買ってはいけない！」という項目があります。

今、最も売れているのは「毎月分配型投資信託」で、２０１４年3月末時点でなんと約37兆円。今や、投資信託の上位はほとんどこの商品で占められています。

けれど、このタイプの投資信託は、勧められるがままに買うとあとでしまったと思うかもしれません。

なぜ、これを買ってはいけないかといえば、投資信託初心者には、リスクが見えにくいからです。この投資信託は、まとまったお金を預けると「毎月（隔月のものも）決まった配当が口座に振り込まれるので、年金代わりになります」が売り文句。公的年金もあてにならないので、このセールストークで、爆発的に売れているのです。

そして、この**「老後の年金代わり」という言葉で、多くの人が錯覚します。「1000万円預けておけば、毎月〇万円ずつ年金のように配当がもらえるのか」**と。

たとえば、この商品の元祖である国際投信のグローバル・ソブリン・オープン（以下・通称のグロソブ）は、1997年12月に売り出されました。発売当初は、1万円につき毎月40円の分配金がありました。つまり、退職金の1000万円を投資すれば、月4万円の配当がもらえたのです。ところが、1万円につき毎月40円の配当が出たのは2008年までで、以降は徐々に減り、2016年5月の時点では半額の毎月20円になっています。

しかも、スタート時点で1万円だった基準価額が、2012年9月には4708円まで下がり、現在は、5174円です（2016年5月17日時点）。つまり、20年前に1000万円預けた元金が517万円になっているということ。

理由は三つあります。

一つ目は、円高の影響をモロに受けたこと。この手の商品のほとんどは、為替ヘッジ（為替変動の影響を回避するもの）をつけていません。しかも、グロソブが発売された時の為替レートは1ドル130円前後で、その後、1ドル80円を下回るところまでいったのですから、大ダメージを受けました。

二つ目は、毎月必ず配当金を出すために、再投資する原資が減ってしまうこと。毎月みなさんに出す配当額のほうは決まっているので、運用がうまくいかないと、その分は元金から引き出されて補填《ほてん》されます。元金が、減るのです。

三つ目は、運用手数料が高いこと。グロソブの場合、信託報酬年1・25％に、販売当初は配当の年4・8％も加わり、6・05％以上の利回りを債券で確保しなくてはならず、世界的低金利の中では誰が考えても不可能でした。

結果、**為替のダメージを受けたり運用がうまくいかなかったりで、タコが自分の足**

を食べるように持ち出しが重なり元金が目減りした。

「毎月分配型投資信託」では、裁判も起こされています。けれど、結局は、商品をよく理解しなかった本人が悪いことになりました。

これが、今、一番売れている投資信託の実態。売れている投資信託にも落とし穴はあります。投資を考えている人は商品の中身について深く勉強しなければなりません。

POINT!

高配当にはリスクもあることを忘れずに

7 愛情ある夫婦の会話時間「104分」1分でも会話を増やせば健全な家計を築けます

いい夫婦とは、どんな夫婦なのだろうと明治安田生命が2015年に実施した「夫婦円満の秘訣」についてのアンケートを見たら、たっぷり「会話」があって、お互いに「感謝」する夫婦なのだそうです。

「会話」については、「愛情を感じている夫婦」と「愛情を感じていない夫婦」では、平日の会話時間に3・4倍もの差があり、**「愛情を感じている夫婦」の会話時間は平均104分。「愛情を感じていない夫婦」の会話時間は31分**なのだそう。

愛情を感じていないのに31分も会話しているというのは信じられませんが、これは、夫婦喧嘩《げんか》をしている時間かもしれません。

とにかく、子どもが巣立ってしまうと、夫婦の共通の話題は急激に減っていきます。

我が身を振り返ると、家で一緒にテレビドラマを見ながら、あ〜でもない、こ〜でもないとくだらない突っ込みを入れて時々2人で盛り上がったりしますが、ガチで平日31分以上もの会話をするというのは難しいかも。ただ、四六時中おしゃべりをしている必要はないけれど、ある程度の年齢になったら、将来的なことは、夫婦でしっかりと話し合っておいたほうがいいでしょう。特に、お金のことについては、イザという時にあわてないために、今のうちにいろいろと話しておいたほうがいいでしょう。

実は、お金のことというのは、会話が難しいもののひとつです。本来なら、夫婦で、「家計のここを見直そう」「ここはもうちょっとお金をかけよう」などと話し合えればベストですが、ゴルフをやりたい夫と、友人と遊びに行きたい妻では、話がまとまらないどころか自分の興味を優先し、喧嘩になりかねません。

では、夫婦で家計を健全化するために話し合うには、どうすればいいのでしょうか。まず、**大切なのは、共通認識として家計の現状をしっかり把握することです**。

「主人が、こういう話を始めると逃げ出すのよ」と言う奥さんがいます。でも、言い方次第というのもあります。「赤字なのよ」と言う前に、しっかりと現在の家計の状況を書き出して数字で見せる。光熱費から食費まで、1カ月にかかるお金を一覧表にしましょう。これをご主人に見せれば、家計が赤字だとひと目でわかるはずです。

そして、これを見せる時に、ご主人に言うひと言が大切です。

「家計は赤字だけど、あなたのお小遣いは減らしたくないの。どうしたらいい？」

そう言って、改善方法をご主人に丸投げする。こう言われると、たいていのご主人は「どれどれ、オレが見てあげよう」と、その気になります。実は、男性は日々の暮らしの節約にはうとい人が多いけれど、保険やローン、通信費などは、会社で経費削減を迫られることもあって意外と上手。細かな日常の節約が得意な奥さんと、大きなところにメスを入れられるご主人の見直しワザが合わされば、家計の健全度はぐんと増します。夫婦円満には、会話時間をたっぷりとることも大切ですが、2人の将来という共通基盤をしっかり直視し、明るい未来を感じることも必要ではないでしょうか。

POINT!

難しいお金の話も言い方次第

8 「電力小売り自由化」がスタートしました。契約は難しくない。上手に安く使いましょう

2016年4月に電力の小売りが全面自由化されましたが、何だかよくわからんとか、面倒そうだと思っている人も多いよう。そこで今回は、電力自由化の初歩の初歩について見てみましょう。

まず、小さな電力会社だと、そんなに電気をつくれず電力不足に陥ったり、倒産したりしたら停電してしまうのではないかと不安に思っている人もいるようです。けれど、心配しなくても大丈夫。**各電力会社でつくられた電気は、いったん同じ送電線に流れ込み、そこから各家庭に流されます**。ですから、原発の電気も太陽光発電の電気も大きなプールでいったん混ざって届けられるので電気の質はどこも変わらない。また、契約している電力会社が倒産しても、他の電力会社が肩代わりするので停

電にはなりません。

電力会社を替えるのに、新たに電線を引かなくてはいけないのかと思う人もいるようですが、その必要はありません。前述したように、どこで発電した電気でも、同じ送電線で送られてくるからです。自由化で、どの電力会社とも契約できますが、電力会社が営業していないエリアでは電気を買えません。たとえば、東京電力に比べて北陸電力の料金は1割ほど安い。ただ、今のところ北陸電力は、東京には本格的に進出していません。将来的には、北陸電力も東京進出を考えるでしょうが、今は現状の電気供給エリアに力を入れているために、東京で契約するのは難しい。全国どこの電力会社とも契約できるわけではなく、今住んでいる地域内で契約できる電力会社に限られます。

電力会社を新しくするのには、契約や解約が面倒そうだと思っている人もいることでしょう。けれど、電力会社の乗り換えは、電話1本でできます。たとえば、東京電力から東京ガスに替える場合、東京ガスに電話をして、東京電力の検針票にあるお客様番号と供給地点特定番号を伝えれば、20分ほどで切り替えてもらえます。東京電力を解約する手続きは、東京ガスがやってくれます。これは、ソフトバンクなどの電話会社でも同じ。料金引き落としは、ガスや電話の口座引き落としと一緒に行われます。

さらに、**これからガス会社が、ガスと電気のセット料金での割安大攻勢をかけてきます**。なぜなら、２０１７年は家庭のガスが自由化されるから。その前に、資本力が電力会社より劣るガス会社は、ガスと電気をセット販売して客を確保しておきたいのです。すでに、セット販売で1割安を公表しているガス会社も出てきています。

料金だけでなく、電力会社の姿勢でも電力を選べます。既存の電力会社にとって、発電コストが安い原発は自由化の大きな武器。自由化を受けて、再稼働に拍車がかかることでしょう。これに対し、原発に反対する人は、太陽光など自然エネルギーで発電する電力会社から電気を購入するという選択ができるようになります。

家計にとって、4月にスタートした電力自由化は久々の明るい話題。しっかり行方を注視しましょう。

POINT!

ガスとセットでさらなる割引がスタート！

9 ユニークな「プレミアム商品券」が続々登場！用途に合わせ賢く使って得をしよう

政府が、2015年3月に経済対策と地方創生を目的として、自治体向けに組んだ予算のうち約1600億円を、地元商店街などの「プレミアム商品券」の発行に使うと発表したところ、なんと、全国自治体の97％の1739自治体が手を挙げたというから、驚きです。

プレミアム商品券は、通常は1万円の商品券で1万1000円分の買い物ができるので、消費者としてはうれしい。地元商店街が活気づいたという自治体も多く、**2016年も他地域にない特色を出したプレミアム商品券が販売されています**。

たとえば、東京都品川区の品川区商店街連合会では、区内70商店街、約2000店舗共通の〝プレミアム商品券〟を販売。利用できる場所の多さが人気です。

京都府では、満90歳以上で過去10年間に介護保険サービスの利用が無く、一定要件を満たす人に健康寿命を祝う〝プレミアム商品券〟を配布。世田谷区は、節電に協力的な区民に、税金を使わず区営の太陽光発電所で稼いだお金でプレミアム商品券を出しています。

ユニークなところでは、旅行者が長崎県の対馬市、壱岐市、五島市、小値賀町、新上五島町、長崎市高島町、佐世保市宇久町で使える〝プレミアム商品券・しまとく通貨〟などもあります（購入場所など詳細は未定）。

確かに、こうした所は成功例で、他の地域でも成功するように政府が後押しをしようということだったのでしょうが、それは大間違い。なぜなら、**こうした所がなぜ成功しているかといえば、政府がお金を出していないから**。地域の商工会議所などが中心となって、予算が少ない中みんなで知恵を寄せ合い、地域の商店街に協力してもらい、費用対効果を考えながら成果を積み上げてきたから。

ところが、成功事例だけを集め、すぐに予算をつけて同じようなことを他でもさせようとする。だから、政府の地方再生政策は、ことごとく失敗するのです。

かつてプレミアム商品券には、2度のブームがありました。地域振興券と定額給付金のバラマキが行われた前後です。その時、多くの自治体でプレミアム商品券が発売されましたが、事務手続きが大変なわりに効果が薄いということで多くの所がやめています。結局、客を大型店に吸い取られただけの商店街もありました。

いくつかの自治体が成功を収めている一方、2015年は商品券の発売と同時に1人で数枚から数十枚買い占めてしまい、購入できない人が続出するという問題も発生。**お金のない低所得者層まで行き届かず、金持ち優遇政策ではないかとの批判も噴出しました。**

そうした事態を解消するため、政府は2016年、新型交付金制度を創設しました。プレミアム商品券のもとは私たちの税金です。誰もが公平にその恩恵を受けられるよう、政府も自治体もしっかり戦略を立ててほしいですね。

POINT!

自治体の動きを常にチェック!

10 〝ふるさと納税〟がますますお得に！ 魅力的な特産品を受け取り村おこしにも貢献

安倍政権の看板政策「地方創生」のための改正地域再生法が4月20日に施行され、総額一千億円の地方創生推進交付金が地方に配られます。同時に、石破茂地方創生大臣は、自治体に競争原理を導入して地方を活性化し、その結果、格差が出るのはやむを得ないと言い切っています。

どうも、競争力がない地方には、お金もやらないということらしく、これだと、若い人がいなくて疲弊している農村などは、ますます衰退していくのではないかと心配です。

ただ、**一部では、健全な競争も生まれています。〝ふるさと納税〟です。**

〝ふるさと納税〟とは、納税者が寄付というかたちで好きな自治体にお金を送り、その額によって所得税や住民税などが安くなるという制度。**サラリーマンなら、自分が好きな自治体5カ所までの寄付ならば、寄付した先の自治体が代わって控除手続きをしてくれるので、面倒な確定申告も必要ありません。**

たとえば、年収600万円で夫が会社員、妻が専業主婦、子ども2人（16歳以上19歳未満）の家庭だと、自分が好きな自治体に6万円を寄付すると、自分が住んでいる自治体などから税金が5万8000円戻ってきます。つまり、寄付金2000円を自己負担するだけ。

しかも、寄付された自治体は、謝礼品としてさまざまなものを送ってくれる所が多く、相場は、1万円の寄付で5000円相当。2カ所に1万円ずつ寄付すれば、謝礼としてそれぞれ5000円相当のお礼を受け取れるので、自己負担は2000円で1万円の品物が手に入る。寄付する自治体が増えれば、自己負担はそのままでお礼もその分増えていきます。

人気の秘密は、何といっても、お礼として送られてくる魅力的な特産品でしょう。ふるさと納税ポータルサイト「ふるさとチョイス」を見ると、肉、コメ、魚から工芸品まで実にさまざまなものがあります（http://www.furusato-tax.jp）。

しかも、寄付したお金の使い道についても指定できます。

各自治体とも、少しでも多くの寄付を集めようと、魅力的な地域の特産品をアピール。そのため、生産者も頑張り、村おこしにもなっています。中には、イベントや宿泊券、地元のお買い物券、ゴルフ場、スキー場の利用券などを謝礼品に出している所も多くあって、観光で地元まで来てもらってお金を落としてもらい、あわよくばリピーターになってもらおうという一石二鳥の試みも。

〝ふるさと納税〟でこれだけ盛り上がっているのですから、これをさらに、〝ふるさと投資〟などに進化させていってはどうでしょう。

震災後、多くの人が出資してカキの養殖などの事業を支えるクラウドファンディングが盛んになりましたが、これに国が節税効果を加えれば、地方へ投資する人が増えるでしょう。

「北風と太陽」という寓話《ぐうわ》がありますが、「競争しなければお金を出さない」というやり方は、北風政策。一方、「ほら、こんなにおトクですよ」という〝ふるさと納税〟のようなシステムは、太陽政策。
関連予算も含めると巨額な予算を計上している地方創生。**もう少し、太陽政策を増やし、地方を温めてもよいのではないでしょうか。**

POINT!

面倒な手続きなしで税金が戻ります

11 いじめや離婚の弁護士費用を補償してくれるユニークな「ミニ保険」続々登場

「歌は世につれ、世は歌につれ」といいますが、最近の損害保険の商品を見ていると、まさに「世につれ」という世相を反映した商品が多く出てきています。

たとえば、**やさしい運転をする人には、自動車保険の保険料が安くなる「テレマティクス保険」**。すでに欧米では普及しつつあり、2020年までに、イギリスでは40%まで、アメリカ、フランス、イタリアでは25%前後がこの保険に切り替わるといわれています。

なぜ、安全運転をすれば保険料が安くなるかといえば、事故が起きにくくなり保険会社が支払う保険金が少なくて済むから。保険金の支払いが減るなら、その分、保険料を下げて加入者に還元しても大丈夫という理由。日本では、ソニー損保などが取り扱いを始めています。

欧米のテレマティクス保険では、自動車に専用の情報端末を取り付け、通信機能を利用して、走行距離、現在位置、急発進、急停車などの情報をリアルタイムで送り、それを保険料に反映させています。

ソニー損保の場合には、そこまではなく、車内に小型計測器「ドライブカウンタ」を取り付け、加速や減速の発生状況を一定期間チェックし、これを保険料に反映させる。ですが、これで最大20％のキャッシュバックになります。

ただでさえ、急発進、急停車、アイドリングなどはガソリン代もかかるし地球にもやさしくない。こうした習慣を見直せば保険料も下がるというのは、一石二鳥。

最近は、自転車保険も注目されています。コストのかかる自動車を自転車に替え、通勤などにも使う人が増えていて、警視庁の発表では、２０１４年の自転車事故は全国で約11万件。交通事故全体の約2割を占めているとのこと。そのため、２０１５年6月に道路交通法が改正され、自転車の取り締まりが強化されました。自転車保険は、自動車保険、傷害保険、火災保険などの特約として加入できますが、最近はコンビニなどで手軽に入れるものも出てきています。

こうした流れの中で、またまた新しい保険が登場しました。

遺産相続や子どものいじめ、離婚調停などで弁護士が必要になった時の費用を出してくれる保険です。2015年12月から損保ジャパン日本興亜が販売を開始したもので、企業向け団体保険の特約として月1000円の保険料で、弁護士の相談費用や着手金など合わせて最大約100万円まで補償するというもの。

また、**大手の保険会社が取り扱わないニッチな市場向けに、ミニ保険会社（少額短期保険会社）もさまざまな商品を販売しています**。たとえば、病気や出張などでコンサートに行けなくなった場合に、チケット代を補償してくれる保険や、旅行先で雨に降られて旅行が台無しになった時に旅行代を補償してくれるお天気保険などです。

そのうち、就職できなかったら補償してくれるような「就活保険」や、結婚できなかったら補償してくれる「婚活保険」なども出てくるかもしれません。

損保の主力商品は自動車保険。ただ、行き先を指定すればロボットカーがレーダーやGPS、カメラなどを駆使して目的地まで運転してくれる時代になると、自動車保険も必要なくなるかも。
その時のために、世の流れを読み、さまざまな保険を出しておくというのは、さすが、保険会社ならではのリスクヘッジ法ですね。

POINT!

手軽なミニ保険市場をチェック!

12 年金・医療・介護の不安は取り越し苦労？ 貯め込まず、お金は死ぬ前に使い切りましょう！

先々が不安で、持っているお金を使えない。そんな、高齢者の方がたくさんいるようです。

今の60歳以上のなんと6世帯に1世帯は、４０００万円以上の金融資産を持っています。しかも、持ち家率が90％以上で、その他にビルやアパート、先祖伝来の田畑や山林などを持っている人も多々います。

そんなにお金があるのに、なぜ使おうとしないのか調べてみると、意外な事実に突き当たりました。

現在の70代、80代は、今の日本で唯一、戦争での飢餓体験がある世代。しかも、幼少期に、日銀の協力のもとに、徹底的な貯蓄教育を叩《たた》き込まれています。

戦後、日本経済が復興するためには、みんなが一生懸命に働いて、稼いだカネを銀行に預け、銀行がそのカネを企業に融資し、企業が設備投資して人を雇い、雇われた人が働いて貯金するという経済循環が必要でした。その循環を徹底させるために、戦後の貧しい時代であるにもかかわらず、小学生に家からカネを持ってこさせ、小学校の体育館で待ち構える金融機関に、強制的に貯金させたのです。

「欲しがりません勝つまでは」が「欲しがりません経済復興するまでは」に置き換えられ、今の70代、80代は、高度成長を担いました。

給料は増え続けましたが、その間、彼らは国から教育された通りに無駄遣いをせずに貯金し続けました。しかも、バブルの最中は、子育てにお金がかかっていたので株や土地には手を出さず、バブル前に買った家は高騰して大きな資産になりました。さらに、バブルがはじけても10年間は給料が下がらなかったので、その給料を基準とした高い退職金をもらい、同じくその給料を基準とした高い年金を受け取っています。

つまり、**徹底的に使わない教育を受けた世代なのに、日本で一番カネが貯まる小金街道をばく進してきたのが、今の70代、80代**。ところが、使わないで貯めたお金を、国がターゲットにしています。

２０１５年から相続税・贈与税が改正され、基礎控除が６割に縮小されました。これによって２０１４年まで相続税がかからなかった人の中にも相続税がかかるケースが出てきました。

一方、子どももこの貯めたお金を狙っています。あらかじめ届けを出して銀行などにお金を預けておけば、子どもや孫に教育資金として１５００万円までなら非課税で贈与できる「教育資金贈与」は２０１９年３月までの延長が決定。贈与した人が３年以内に亡くなっても、このお金は相続税の対象にはなりません。

こうした状況の中、**相続税でもめるケースのほとんどは相続財産５０００万円以下**だと言われています。だとしたら、せっかく汗水流して自分で稼いだお金なのだから、幸せに使い切って逝きましょう。

そこで、気になるのが年金、医療、介護の問題。特に介護については、何千万円もかかると思い込んでいる人が多い。けれど、それは昔のこと。

今は、介護保険やさまざまな負担軽減措置があるので、それほどはかかりません。

医療、介護合わせても、1人最低700万円くらい見ておけばいい。しかも、年金は心配しなくても出ます。今の高齢者は、大きなセーフティーネットに守られていますから、多額のお金を取っておく必要はないのです。

今あるお金で、楽しく、生きがいを感じられる人生を過ごす。楽しく生き生きと、寝込まずに輝いた人生を送ることは、実は、子どもにとって何よりの財産です！

POINT!

医療&介護費用は2人で最低1500万円用意する！

第3章

暮らしの話

働き方を考え、住まい、医療費について知る

1 経済が大変でも2カ月休暇を取るイタリア人に学ぶ豊かに暮らすコツ

２０１４年の夏に何年ぶりかで夏休みを取り、イタリアに行ってきました。

当時のイタリアの経済は、実質ＧＤＰ成長率が３年ぶりにマイナスを脱してプラスになりそうだとはいうものの、**物価は高く８人に１人は失業していて、けっして豊かとは言えませんでした**。

また政治も、日本ほどではありませんが頻繁に首相が交代していて、１９９０年から現在まで10人。閣僚の３分の１以上が女性というエンリコ・レッタ内閣が倒れ、新首相となったのは当時39歳のマッテオ・レンツィ氏。平均年齢47歳という若者内閣の下でさまざまな改革が試みられていましたが、イタリア人の多くは、若い内閣だけにちょっと不安なよう。

それでも、何となく生活に豊かさを感じたのは、なぜでしょう？　フィレンツェの郊外にある、オリーブとブドウを育てている農家に泊めてもらいました。その昔、フィレンツェのメディチ家が支配していた農園の一つで、当時の石造りの建物が残っており、そこで農家民泊ができるようになっているのです。

この農園を切り盛りしているマンマは、日本にもワインを輸出していて、その自慢のワインと、地元で取れた野菜や果物、肉やチーズ、マンマが焼いたパンなどの、素敵な夕食をいただきました。宿には、私たち家族の他にも3組ほどの家族が、バカンスにやってきていました。

イタリアでは、夏になると、みんな2、3カ月ほど休みを取って、さまざまなところに旅行に行きます。旅行といっても、日本人のように慌ただしく観光名所を見て回る旅というのは少なく、たいていは、マンマの宿のようなところに長期滞在し、のんびりと家族で休暇を楽しみます。私たちは、たまたまマンマの知り合いと一緒だったので夕食をもてなしていただきましたが、たいていは自炊。何をするというわけでもなく、果樹園を散策したり、犬と遊んだり、プールで泳いだり、読書をしたり、ワイワイと食事したりして、自然の中で豊かな時間を過ごします。

ですから、店なども、夏の間は2、3週間はお休みというところが一般的で、**日本は365日営業しているところがザラにあると言うと、驚いていました。過酷に働かせるブラック企業などというのは、彼らには、想像もできないようです。**

イタリア人は、自分が生まれ育った村で取れたワインやオリーブ油、ハム、チーズ、パンが世界で一番おいしいと言います。日本にいる私たちは、どこの誰がつくったものかわからなくても、珍しくておいしい食べ物を好みますが、イタリア人にとって最高においしいものは、マンマの手料理、そして、その村で昔からつくっているハムやチーズやワイン。

これは、イタリア人だけでなく、フランス人も同じで、地産地消を徹底しているようです。私たちと一緒に食事したイタリア人は、「僕は、地元で取れたワインとオリーブ油と、その日に焼いた塩なしパンがあれば、他には何もいらない。最高のごちそうだ」と言っていました。

農園を経営しているマンマは、女性実業家ですが、世間話が好きで、話し始めると

30分でも1時間でも止まらない。その話を遮ることなく、みんなちゃんと聞いている。

確かに、経済状況は良くないですが、日本と違って、ゆっくり食事して、会話を楽しむ彼らを見て、分刻みであくせく働く日ごろの我が身を振り返り、改めて豊かさについて考えさせられました。

POINT!

休日には、豊かさや生きることに思いを馳せたい

2 専業主婦の年金総額の10倍稼げる！夫婦で働けば老後はますます安泰になります

少し前の話になりますが、今年の春闘でトヨタ自動車のベースアップ（ベア）に相当する賃金改善分は１５００円で決着を見ました。ベアの実施は3年連続になりますが、春闘で労働組合が要求した３０００円の半額にとどまり、昨年の４０００円からは大幅な減額になりました。

昨年は電機大手が月額６０００円のベア要求に対して３０００円を回答する中での４０００円でしたから、ベアリーダーとしてのトヨタには今年も期待が集まっていたのですが。**トヨタ労組としては、本体のベースアップよりグループ企業の賃金格差の是正を優先すると言います。けれど、トヨタ本体のベア要求を下げれば、グループ企業のベアも下げざるを得ないでしょう。**トヨタ本体が下がるのに、グループ企業が上がるのは考えにくいものです。

こうした状況の中、中小企業の給料は、今年も横ばいのままです。そうなると、教育資金がかかる育ち盛りの子どもがいる家庭では、世帯の収入を増やすために妻が働かざるを得なくなります。

実は、妻がずっと専業主婦で働かずに年金をもらうとすると、65歳から85歳まで20年間年金をもらったとして受取総額は約1600万円。一方、妻が22歳から60歳まで正社員で働いた場合、もらう賃金の総額は会社にもよりますが1億3000万円ほどで、年金を含めると1億6000万円。**なんと10倍のお金が家計に入ってくることになります**。

実際には、子育て中は働けず、子どもが小学校に入る頃にパートで働き始めるという人が多いと思うのですが、この場合でも8年間正社員で勤め、その後7年間仕事を中断して子育てに専念し、60歳までパートで正社員に近い働き方をすれば、年金も含めて1億円近くは確保できます。

サラリーマンの生涯年収は平均2億～3億円と言われています。そこに、さらに妻の収入で1億円の余裕ができれば、老後はかなり安泰になるはずです。

子どもの手が離れたので働きに出たいという人は、金銭面だけでない気持ちのゆとりも、働くことによって得られます。働きに出ると人間関係も広がります。

もちろん、すでに定年退職しているという方は給料もそれなりにもらっているし、退職金もそんなに低くはない、年金もある程度までもらえるでしょうから、それほど心配することはないでしょう。

ただ、**40代、50代の専業主婦で子どもにそれほど手がかからなくなったというなら、今年は夫婦2人の老後をより盤石にするためにも、働くことにチャレンジする年にしてみてはどうでしょうか。**

POINT!

妻も働けば、年金を含めて1億円近くを確保できる！

3 「130万円の壁」対策の補助金が新設 パート主婦は手取り減を気にせず働けます

政府は、主婦が社会保険料の「130万円の壁」を気にせず長時間働けるよう、2016年10月から事業主向けの補助金を新設することになりました。

サラリーマンの妻は、年間収入129万9999円までパートで稼いでも、夫の扶養家族なので国民年金保険料と国民健康保険料を支払う必要がありません。

ところが、**年間収入が130万円以上になるとご主人の扶養から外れるので、年金、健康保険に加入して、年間約20万円の保険料を支払わなくてはならなくなります。**

ですから、働く時に年収130万円を超えないようにするというのが「130万円の壁」です。

これが、女性の社会進出を阻んでいるということで、130万円を超えても、3%

前後の賃上げや週4～5時間程度の勤務時間増で、手取りが減らないようにするというのが、今年から実施される新制度です。

従業員501人以上の企業では、年収106万円以上のパートタイマーは、社会保険への加入を義務づけられます。さらに労働時間週5時間以上の延長、大企業で2％、中小企業で3％の賃上げを実施した企業に補助金を出すなどが盛り込まれています。

こう聞くと、これからは130万円以上働いても、働いただけは手取りが増えるし、扶養から外れても社会保険の半分は会社が負担してくれるのでうれしいと思う方もいるでしょう。

けれど、じっくりとこの制度を見ると、果たしてどこまで有効なのか疑問です。たとえば、時給1000円で週20時間働く年収104万円のパートタイマーについて見てみましょう。

この人が週25時間働くと、年収が130万円になり、社会保険（厚生年金、健康保険）に加入して保険料を19万4000円払っても、手取り収入は110万6000円になり、6万6000円増えます。一方、事業主には労働時間を5時間延長したこと

に対し20万円の助成金が支給され、働く人も事業主も万々歳……⁉

でも、ちょっと待ってください。今まで、週20時間働いていた人が週25時間働くと、年間260時間多く働くので、時給1000円だと本来なら手取りが26万円増えるはずです。ところが、社会保険料負担が発生するので6万6000円しか増えない。確かに厚生年金に加入していれば、10年間パートをした人なら65歳以降にもらえる年金は月5000円ほど増えます。けれど、目先のお金が必要でパートに出ている人にとっては、そのために毎月約1万2000円の年金保険料は痛いかも。

一方、事業主は、助成金を20万円もらっても、パートタイマーの社会保険料の半分は会社負担なので、保険料として19万4000円支払い、メリットは感じないかも。

厚労省のプランでは、賃金を3％ほど上げた事業主にも助成金を出すとしていますが、助成金のほとんどが社会保険料の事業主負担で消えてしまうなら、あえて時給を上げたくはないという人も多いことでしょう。

しかも、この助成金は、4年間の時限措置。下手に給料を上げたり社会保険料を負担したりする仕組みを使うと、4年たって助成金がなくなったら、会社負担が増えて大変だと考える事業主も多いはず。

こう考えると、**耳に心地よい話ではありますが、実際には、パートにも事業主にも、それほど魅力がないという気がします。**

新たな制度ができることで、パートタイムで働こうと考える人は当座の収入と将来的な年金とを天秤にかけ、働き先を選ぶことが必要です。

POINT!

手取り収入だけでなく社会保険も考慮しよう！

4 企業が本気で「女性活用」を考え始めた女性管理職が12年で25倍になった会社に学ぶ

安倍政権は、成長戦略の要に「女性活用」を掲げ、2020年までには、社会のあらゆる分野で指導的な女性の割合を30％にと宣言しました。唐突に降って湧いた感のある「女性活用」。けれど、本当に、企業に浸透していくのでしょうか。

男性中心の企業文化から、ここ10数年で積極的に女性の活躍を推進し、**2013年度、東証・経済産業省主催の女性活用「なでしこ銘柄」**に保険業部門で唯一選ばれた東京海上日動火災保険（受賞は東京海上ホールディングス）（注・2015年度も選定）。

同社は、12年前8人だった女性管理職が、202人と約25倍に増えました。内訳は、役員4人、部長職14人、次長職29人、課長職155人。さらに、管理職候補の準管理職の女性も現在436人。

ちょうど30年前、男女雇用機会均等法がスタートした当時に取材した同社の印象は、男性一色の会社。女性は事務&お茶酌みで、「女性活用」とは程遠かった。ところがこの10年、積極的に取り組み始めたのはなぜか。岩崎賢二専務取締役に話を聞きました。

「**女性も男性も、優秀な人を採用していますが、女性のほうが活用されにくかった**。ただ、女性の持つ高い能力は会社の資産。本格的に働いてもらうには、働ける環境づくりが大切。そこに力を入れてきました」

まず、「Uターン制度」という、一般職(同社では「エリアコース」)でも3年間、本人の希望で転居を伴う転勤ができる制度。地方など、職種が限られた勤務先の一般職の女性でも、希望する場所でキャリアが積める制度で、すでに254人がこの制度を活用。現在、上海、シンガポール、グアムなどで活躍する女性もいるそうです。

また、同社には約8100人の女性がいますが、地方支社には、女性が数人しかいないというところもあり、こうした支社では、女性が育児休業などで休みを取ると、要員確保が難しいことも。そこで、業務を潤滑に推進していくために、全国の女性に呼びかけて、本人が希望すれば、欠員となっている職場に異動してもらう「お役に立ちたい制度」（原則1年）という女性の相互助け合いの制度をつくっています。

さらに、**仕事と育児の両立を支援する制度とし、育児休業などを充実させた結果、ここ10年で取得者が約6倍の750人に増えたとか。**

また、配偶者の転勤に伴って、女性が会社を辞めて夫についていくか、別居して仕事を続けるようなことにならないよう、本人の希望で、夫の転勤先に地域の支店で働ける場所を優先的に探してくれる制度もあります。夫が同社以外の会社に勤めていても、一緒に暮らして働き続けられる支店を探してくれるのです。

加えて、いったん会社を辞めたとしても、3年以上同社に勤務した女性については、退職後10年以内だったら再雇用する制度あり。

妊娠時から子どもが小学校3年生になるまでは、仕事時間を1日最大3時間短縮する制度や出産日前7日は、夫が休んで妻を見てあげられる制度、ベビーシッター利用費等の補助など、女性活用の本気度が垣間見られるさまざまな制度ができています。

さらに、一般職の女性にも幹部への道を開くために、2014年から女性だけの

「経営スクール」も設置。

こうした制度を見ていると、**政府の「女性活用」はかなりぼんやり、漠然としたものですが、企業は、本気で女性の必要性を感じ、「女性活用」し始めているようです。**

POINT!

女性活用を推進する企業が、今後は生き残る

5 「仕事うつ」は健康保険や年金、労災の対象 会社より自分の「心」を守ろう

２０１６年４月に発表された「３月家計調査」を見ると、消費支出前年同月比マイナス５・３％。厚生労働省が同年２月に発表した２０１５年の「毎月勤労統計調査」によると、実質賃金も前年を０・９％を下回り４年連続のマイナスに。これまで、生産性を重視してきた結果、賃金は下がるのに仕事はきつくなる一方でした。そんな中、ますます過酷になる仕事に強いストレスを感じる人が急増しています。

厚生労働省の「労働者健康状況調査」（２０１２年）を見ると、**仕事や職業生活に「強い不安、悩み、ストレスがある」と答えた人が、正社員の64・1％、派遣労働者の68・1％**。男女別は、男性60・1％、女性61・9％が、仕事でかなり大きなストレスを感じているようです。

このストレスが原因で引き起こされる「心の病」も深刻で、2014年に公益財団法人日本生産性本部が全国の上場企業244社に行ったアンケートでは、「心の病」にかかる人が増えている実態が浮き彫りになっています。

特に30代、40代の「心の病」は深刻で、両世代ともに全体の3割を上回っています。

実際に、私の知り合いでも、うつで仕事が手に付かないとか、ご主人がうつ病になって会社に行けなくなってしまったという人が何人かいて、今や仕事うつは珍しくなくなりました。

もちろん、個人差もあるでしょうが、生産性を上げないとクビになるというプレッシャーがますます大きくなってきていて、几帳面《きちょうめん》で責任感が強い人ほどこうしたストレスをまともに受けているようです。うつ病になってしまった時には、経済的なことなどをあまり気にせず、軽度なうちに会社を休んでのんびりしたほうがいいでしょう。

仕事をしないと、給料がもらえないと思いがちですが、病気やケガで会社を休む場合には、健康保険から傷病手当金が出ます。

金額は、給料の3分の2で、最長1年半。たとえば、給料が月40万円（標準報酬月額）なら、月に約27万円は健康保険から支給されます。

また、**うつ病で傷病手当金を1年半もらい続けても病が治らない場合には、障害年金の対象に**もなります。仮に独身で障害2級と診断されると、月々7万円弱の年金が支給され、18歳未満の子どもがいれば、子どもの数で支給額が加算されます。

中には、労災認定を受ける人もいます。精神障害の労災請求件数は、2014年は1456件で、支給決定数が497件と過去最多の数字になりました。

事例としては、ひどい嫌がらせやいじめ、または暴行を受けてうつ病を発病してしまった人。中には、ストレスで自殺してしまった人なども対象となっています。

ますます労働条件は過酷になりそうですが、会社より自分が大切。そう割り切って、しっかり自分の「心」を守りましょう！

POINT!

仕事を休んでも、傷病手当が支給されます

6 マンションは買うか借りるか果たしてどっちがお得か考えてみましょう

毎年、年が明けるとよく聞かれるのが「マンションは今買ったほうがいいのか」ということ。

税制面を見れば、有利です。なぜなら、最大4000万円（省エネ住宅などは5000万円）までのローン残高に対し、年1％、10年間の税額控除が、消費税を10％に引き上げることが延びたため延長されているからです。

また、現在の住宅ローン金利は過去最低。

親や祖父母からの贈与についても、2017年9月30日までは一般住宅700万円（省エネ住宅などは1200万円）が非課税で、10月以降はそれが500万円（1000万円）と下がります。

物件価格については、今後まだまだ値上がりしそうです。最も大きな要因は、オリンピック需要での、資材高騰と職人不足による人件費の高騰。これは、しばらく続きそうだから。

税制の優遇が増え、低金利、物件価格の上昇という3点セットを提示されたら、早く買ったほうがいいと思う方は多いかもしれません。ですが、**もっと先を見ると、住宅産業の「2019年問題」があります**。

日本の世帯数は、19年の5307万世帯をピークに下がり続け、35年には4956万世帯まで減少していくと予測されます。そうなると、かなりの空き家が出てくることに。

空き家というと、過疎地ばかりを思い浮かべますが、実は、東京にもたくさんの空き家があります。

総務省の調べでは、全国に820万戸の空き家があって、東京でも空き家率は10・9%。数にすると81万7200件で、なんと世田谷区と大田区にある全ての住宅の数を足した戸数よりも多くなっているというのです。

地方だと、さらにこの空き家率は上がっていて、大阪14・8%、北海道14・1%、福岡12・7%、愛知12・3%。つまり、8件に1件は、空き家ということ。しかも、恐ろしいことに、このまま進んでいくと、40年には空き家率が40%に達すると、野村総合研究所などは試算しています。

なぜ、こんなに空き家が増えているのかといえば、これまで**日本では、親から独立したら自分で家を買って、一国一城の主になることが一人前の証しという考え方が強くあり、経済成長の中で大量の住宅が買われたから**。ところが、核家族が多いので、子どもが家を買って出て行くと老人世帯が残り、最終的には住む人がいなくなる。

しかも、現状では、空き家は更地に比べて固定資産税が安いので、そのまま放置されているのです。

今、国土交通省では、こうした空き家をリフォームして住む計画を進めています。また、空き家の固定資産税を上げることを検討しています。そうなれば、リフォームを施した大量の空き家が、中古物件や賃貸物件として市場に出回ってくる可能性があり、中古の物件価格や賃貸価格も、下がる可能性があります。

新築物件でも、買って1日でも住めば中古物件となります。将来的にも、ずっとそこに住み続けるというのならいいのですが、途中で売却や賃貸に回すなら、かなりの低価格になっているかも。

もし**親が、空き家になりそうな家に住んでいるなら、とりあえず自分は賃貸という選択をして、頭金を貯めながらじっくり先行きを見るというのもありでしょう。**

POINT!

親の家があるなら、まずは賃貸で様子を見ましょう

7 人気の住まい〝リノベーション〟物件の意外な落とし穴に注意して！

住まいのリノベーションが、人気。一般社団法人リノベーション住宅推進協議会が2010年から毎年開催している〝リノベーションＥＸＰＯ〟には若い方から年配の方まで来場者が多いとか。

リフォームなら知っているけれど、リノベーションってなに？ という方もおられるでしょう。

国土交通省の定義では、リフォームとは、新築時に近づけるための修繕。リノベーションとは、新築時と違うものに創り変える改築なのだそう。イメージでいえば、３ＬＤＫのマンションを、買った時のように直すのがリフォーム。子どもが出て行って夫婦２人なので、思い切って広々としたワンルームに創り変えるというのがリノベーション。もちろん、人が来たら、簡易に部屋が仕切れたり、換気機能を高めて部屋で焼き肉ができたりと、時代や暮らしに合わせ最新の機能を付け、性能を向上させることがポイントになります。

個人的に住宅展示場好きなのでいろいろ見て回るのですが、最近は、調理で出た生ゴミを排水溝に流してフタをすれば、あっという間に粉砕して流すディスポーザーや、開口部のガラスを二枚重ねにして寒暖の差を少なくするエコな複層ガラス、ビルトイン浄水器など新しい設備がどんどん出てきています。

リノベーションの良さは、暮らしにフィットした住みやすい空間にできるだけでなく、マンションを売る時に、中古でも売りやすくなること。

最近のマンションは、子どもの数が減ったせいか、小さな部屋がいくつもあるよりも、前述のように大きな部屋をライフスタイルによって仕切ることができるほうが若い人には人気のよう。なので、リノベーションで中古のイメージを一新し、今風な間取りや設備にして売れば、価格もそれなりに上乗せできるとか。

マンションを中古で売る場合、場所にもよりますが、築10年くらいだと新築で買った時の半値以下。新築で4000万円したマンションでも、築10年で1500万円くらいにしかならないという物件はザラにあります。こうした物件を購入し、1000万円かけてリノベーションして3000万円ちょっとで格安物件として売り出す業者もいます。

確かに、新築同様で安いのが、リノベーション物件の魅力。ただ、**注意しなくてはいけないのは、いくら室内が新築同様になっていたとしても、マンションの場合には、躯体《くたい》や共有部分は自分で刷新できません**。

一戸建てだと、自分の思うままになりやすいのですが、マンションは、基本的にはみんなで住むことが前提で共有部分が多いのです。

玄関を入って、エレベーターに乗って、廊下を歩いて我が家にたどり着く。この間は、すべて共有部分。部屋に入っても、自分のものと言えるのは、手で触れるところだけ。建物の躯体は、共有です。なので、隣同士の部屋を購入して、間の壁に行き来できるドアを付けるということは禁止されています。また、ベランダに出たら、手すりもすべて共有部分。本来なら、納戸や植木鉢を置いたりすることはできません（みんな、自分のものという感覚でいろいろと置いていますが)。

なので、**もしマンションでリノベーション物件を買うなら、まず築年数や管理状況をしっかりチェックすることが大切**。どんなに部屋が快適に住める状況でも、建物自体が老朽化していては、長く住み続けることはできないからです。

POINT!

リノベーション物件の購入では築年数と管理状況を要チェック!

8 工期が短いマンションは要注意 地名から見当がつく軟弱地盤にも気をつけて

2015年10月に発覚した旭化成建材の杭《くい》打ちデータ改ざん・流用問題は大きな波紋を呼びました。

「自分が住んでいるマンションは、大丈夫なのだろうか」。そんな不安が心をよぎった方も多いことでしょう。

事件発覚後、親会社の旭化成が調査を開始しましたが、対象になるのは過去10年の杭打ち物件で、その前のものや、旭化成以外が手がけたものはどうなのかという疑問もあります。

一部には、下請けの杭打ち業者が悪いというような話も出ています。確かに、杭打ち業者は半分以上が10人未満の小さな会社。いくつもの現場をこなしてナンボの仕事で、しかも時間も予算も削られている過酷な状況で仕事をしています。

けれど、昔ながらの職人気質《かたぎ》の親方も多く、「手抜きなどできるものか」と、精いっぱいにいい仕事をしている人も多い。ですから、データが改ざんされたり流用されたりしていない、しっかりしたマンションも多いはずです。

マンションは、一生に一度の大きな買い物ですから、失敗したくない。ただ、**残念ながら、マンションを買う時には、「現場見学」などで躯体などの状況は確かめられるところが増えていますが、基礎までは確認できません。**

では、素人はどうやって「危ないマンション」を見極めればいいのでしょうか。

一概には言えませんが、**あまりに工期が短いものは、疑ってかかったほうがいいかもしれません。**

マンションの物件概要には、「建築確認番号と日付」が書かれています。さらに、「建物竣工《しゅんこう》時期」が書かれています。マンションの場合、デベロッパーは借金して土地を仕入れていますから、金利負担を減らすために、建築確認が下りたらすぐに着工するというケースが多い。竣工というのはマンションが出来上がる時期ですから、竣工の日付から建築確認日を差し引くと、どのくらいの工期で出来上がるのかがだいたいわかります。

10階建てのマンションなら、おおよそですが、整地したり資材を運び込んだりする準備期間が1カ月、杭打ちや基礎工事が2カ月、躯体工事で10カ月（1階ごとに1カ月が相場）、仕上げで2カ月、植栽など環境整備その他で1カ月。合計すると16カ月ということになります。

ところが、たまに**10階建てなのに建築確認から竣工まで10カ月という短いものがあります。この場合、早く建てられる最新の技術を駆使している可能性もありますが、そうでなければ、どこかで手抜きをしている可能性があります**。そのへんがどうなのか、よく聞いてみる必要があるでしょう。

また、マンションは竣工後に各種検査や手直しで入居まで2カ月ほど時間がかかります。ところが、業者によっては資金的に余裕が無いのですぐに引き渡し、検査などが後回しになるケースもあります。こうした業者は要注意です。

さらに、そのマンションが建っている土地が、過去にどのような地形のところだったのかもチェックしておくべきでしょう。地形図や航空写真などをもとに土地の基本情報を調べることのできる「地理空間情報ライブラリー（http://geolib.gsi.go.jp）」というサイトなどを活用すれば自分でも調べることができます。

今はインターネットで地盤なども見られるサイトがいくつかあります。ある方から、昔の代官屋敷が建っていたところは地盤が固いと言われたのでネットで見てみたら、やはり良い場所に建っていました。

逆に、沼、沢、池などの地名のところは、地盤がゆるいところが多い。また、多くの自治体がハザードマップを出していますが、やはり河川に近いところは水害の影響を受ける確率が高くなっています。地盤や災害に遭うかどうかなどは、素人が見抜くのは難しいかもしれないけれど、こうしたものを参考にしてみてください。

POINT!

建築過程に欠陥を見分けるカギがある！

9 老朽マンションに塗って効く特効薬がある！ 売るにも住み続けるにもメンテナンスが何より大事

国土交通省によれば、日本にあるマンションの数は、累積約６２３万戸。このうち、築30年以上が１６２万戸、築40年以上が約56万戸あります。**これが10年すると、築30年以上のマンションが、全体の４割を占める本格的な老朽化時代に突入！**

そうなった時に、マンションはどうなるのでしょうか？

老朽化しても、建て替えできれば問題ありませんが、現実には、不可能に近い。なぜなら、建て替えにはお金がかかるから。建て替えだけで新築の7割の費用が必要といわれ、仮住まいの賃貸料や引っ越し費用など諸経費も含めると、もっとかかる。

マンションには、さまざまな経済事情、考え方の人が住んでいますから、これだけ負担を背負って建て直しを進めるには、意見合意が難しい。

建て替えについては、住人の5分の4以上の賛成のみで建て替えの決議ができますが、ただ、8割の人が賛成して建て替えることになっても、残り2割の人に金銭的な補償は必要になります。

新しく建物を建てる場合には、今の敷地と同じでなくても、たとえば隣接する土地を買って建てるということも可能になりましたが、住宅地だと難しい面もあります。

建て替えの難しさは、数字にも表れていて、国土交通省によれば、**2014年4月の時点で、阪神・淡路大震災で被災したマンションを除いて民間で建て替えできたマンションは、たった196棟。**

では、どうすればいいのか？

これまで全国で56万戸のマンションを供給してきた、トップメーカーの長谷工コーポレーションマンション再生事業部の河合英樹執行役員(現・株式会社長谷工リフォーム代表取締役社長）に聞きました。

「建て替えのご相談には、積極的に対応していますし、そのノウハウも豊富にあります。ただ、どうしても合意形成できず難しい場合は、老朽化させないように長く住めるメンテナンスを提案しています」

マンションは、人体と同じで、骨にあたる鉄筋を、肉にあたるコンクリートが覆っています。正常なかたちでコンクリートに覆われた鉄筋は、よほどのことがない限りは、その強度を保ち続けることができます。つまり、**鉄筋がしっかりしていて、コンクリートが正常ならば、マンションは80年でも持つのだそうです**。

「しっかりした長期修繕計画と定期的な見直しを行い、マンションの状況を常にチェックすることが重要です。その上で、しっかりした対策をとれば、マンションは長く住み続けられます」（河合氏）

しかも、驚いたことに、マンションには劣化を防ぐ塗り薬があると、同席していた長谷工コーポレーション技術研究所の大倉真人副所長が教えてくれました。

「実は、亜硝酸リチウムという薬品があり、この薬品を湿布するように塗ると、なんと錆《さ》びた鉄筋も再生し、マンションも元気になります」

まあ、マンションに、そんな塗り薬、しかも特効薬があったとは！

国土交通省は、15年から「長期優良住宅化リフォーム推進事業」の一環として、既存住宅のラベリング（格付け）を進める方針。もしかしたら、**ラベリングの良しあしで、売買されるマンション価値も変わってくるかもしれません。**

悩みのタネの、マンション老朽化時代。長く住み続けるにしろ、売却するにしろ、とにかくメンテナンスが大切ということです。

POINT!

手入れ次第で、マンションの寿命はのびる

10 贈与税の基礎控除を使えば節税に！上手に贈与して相続税を減らしましょう

２０１５年から相続税が増税され、基礎控除額も小さくなりました。

具体的には、以前の「基礎控除」は「５０００万円＋１０００万円×法定相続人の数」でしたが、「３０００万円＋６００万円×法定相続人の数」に変更。

たとえば、父親が残した８０００万円の遺産を子ども３人で相続する場合、２０１５年以前なら基礎控除が８０００万円なので相続税はかかりませんでしたが、現在は、基礎控除が４８００万円となり、差し引き３２００万円に相続税がかかってくるので、総額で約３３０万円の相続税を支払わなくてはなりません。

また、最高税率３億円超で50％が最高だったものが、６億円超で55％に引き上げられます。また、２億円から３億円の財産の税率も40％から45％に上がりました。

ですから、親がかなりの資産家で、しかも高齢な方は、今から対策を考えておいたほうがいいでしょう。

ご両親が健在なら、「配偶者の税額の軽減」があり、配偶者が相続するなら正味の遺産額が1億6000万円までは相続税がかかりません。けれど、多額の財産を譲り受けた妻が亡くなり、子どもたちが後を継ぐというようなケースで多額の相続税が発生する可能性があるので注意が必要です。

相続税を減らすのに、最も手っ取り早いのは、生前に1人110万円の贈与税の基礎控除を使ってあらかじめ財産を分けてもらっておくこと。

1年間に、もらった財産の合計が、1人110万円以下なら、贈与税はかかりません。また、この場合には、贈与してもらったという申告も不要です。12月中に110万円を無税でもらい、年が明けてすぐに110万円を無税でもらうこともできます。

介護が心配なので、親の土地に2世帯住宅を建てるというのも、実は相続税の節税になります。

親の土地に2世帯住宅を建てると、親と子が同じ敷地を使っていると見なされ「小規模宅地等の特例」が適用されます。

現在だと、約100坪（330平方メートル）までは土地の評価額が80％減額できます。従来よりも大きな土地が減額対象となっているので、大きな2世帯住宅を検討している方にお勧めです。

減税になる2世帯住宅の建築要件も、2014年から緩和されています。昔は、ひとつの玄関から入るか、家の中のドアなどでお互いの住居を行き来できないと認められなかったのですが、今は、別々の玄関で、中も別々で大丈夫。つまり、アパートのような造りにすることが可能。

ですから、**ご両親が他界してしまったら、その部屋を他の人に賃貸住宅として貸すということもできます**。

さらに、「相続時精算課税」といって、2500万円までなら贈与されても贈与税がかからない特別控除があります。

ただし、贈与税はかからなくても、父親が亡くなって相続が発生すると、その時点で、税金の精算をしなくてはなりません。

結局、**後で精算するので、損も得もない気がしますが、住宅ローンを組むとその分、金利を払わなくてはなりませんから、金利のないお金を早めにもらったほうがいいかも。**詳しくは税務署、並びに税理士に相談しましょう。

POINT!

年間110万円以内の贈与なら、無税になる

第4章

介護の話

介護の負担を減らし、介護要らずの自分になる

1 節約買い物術は認知症の予防にもなります！ 脳を鍛えながらお金も貯まり一石二鳥

２０１５年４月から特別擁護老人ホームに新規に入居できるのは、原則要介護３以上の方に限られるようになりました。同時に９年ぶりに介護報酬が引き下げられ、ますます介護職に人が集まらなくなり、サービスも低下するのではないかと懸念されています。

結果、家族の介護負担が増しそうで、介護に突入しそうな親を持つ働き盛りのサラリーマン家庭にとっては、とても他人事《ひとごと》ではないでしょう。

現在、**介護を理由に会社を辞める人が年間10万人いると言われています。だとすれば、今後、さらに増える可能性があります。**

大切なのは、一緒に住んでいるおじいちゃん、おばあちゃんが、なるべくボケないで元気でいてくれる環境をつくること。

認知症は、年とともに認知機能が徐々に低下して起きる病気ですが、**認知症予備軍のＭＣＩ（軽度認知障害）という人が推定４００万人**もいるそうで、そのままにしておくと、半数が認知症になるとのこと。

ただ、ＭＣＩは、軽い有酸素運動をはじめ生活習慣病の治療、食生活の改善などを行うことによって認知機能をある程度まで改善することができるようです。その運動習慣の一つとして注目されているのが、コグニサイズ。足踏みやステップをしながら、計算もするという、身体と脳を同時に使うことで認知機能の低下を予防する運動方法です。

脳を使いながら運動するというのは、特別なことではなく、日常生活の中でも普段の行動でも行えます。

国立長寿医療研究センターによれば、実は、上手に買い物ができれば、これが認知症予防になるのだそうです。なぜ、医者でもない私がこんなことを書くのかといえば、国立長寿医療研究センターが勧める上手な買い物は、私が勧める節約術とかぶるからです。

多くの人は漫然と買い物をしますが、これでは足は使うが脳はあまり使わない。そこでまず、献立を決めて、家にない食材を覚えてから買い物をする。メモをしてもいいけれど、なるべくそのメモを見ないで思い出すことがポイント。また、必要な食材を、引き返すことなく買うための道順を考えて買い物をする。

さらに、予算を決めておき、できるだけ予算の範囲に収まるように計算しながら買い物をする。

これを、毎日繰り返していると、大きな効果が得られるのだそうです。

この買い物の仕方だと、ボケ防止になるだけでなく、家計の無駄も確実に省けて、一石二鳥というわけ。家事にも、積極的に参加しましょう。では、本格的に介護が必要になったら、どうすればいいのでしょうか。

2015年8月には介護保険利用者の自己負担割合が1割から2割に引き上げられました。介護保険の自己負担は支給限度額の範囲内なら1割ですが、合計所得が160万円（年金収入のみなら280万円）以上なら自己負担は2割になりました。ただし、介護保険には一定額以上は負担しなくていい「高額介護サービス費制度」があります。負担上限は収入によって違い、最大でも月4万4400円。ただし、施設での食費代などは含まれません。

また、**介護と仕事を両立させるには、「介護休暇」「介護休業」「介護休業給付金」「介護短時間勤務」「時間外労働の制限」「深夜業の制限」などの制度を上手に活用しましょう**。詳しくは「両立支援のひろば」(http://www.ryouritsu.jp/)を見てください。

深刻化する両親の介護。ただ、施設などの対応も多様化していますので、次項で詳しく説明します。

POINT!

献立を決め、家にない食材を覚え、予算内で買い物をすると認知症予防に!

2 介護の決め手は施設とケアマネジャー 自分の中で抱え込まないよう気をつけましょう

両親を抱え、仕事と介護の両立が心配な方は多いようです。施設を上手に利用すれば、負担は減ります。

介護施設で安くてポピュラーなのが、特別養護老人ホームや介護老人保健施設、介護療養型医療施設など。

特別養護老人ホームは、日常生活の世話や機能訓練などの介護サービスが受けられ、生活の場としても活用されています。賃料や食費も含めて月7万〜13万円。厚生年金受給者なら、年金で対応可能です。

介護老人保健施設や介護療養型医療施設は、入所だけでなくリハビリや医療行為を伴うので、特別養護老人ホームよりも少し高くなります。

認知症の方を対象にした施設としては、専門的なケアを提供するグループホーム（認知症対応型共同生活介護）も各地にできています。5〜9人の少人数の利用者が、介護スタッフとともに家庭的な環境で共同生活を送れるように配慮した施設です。

身寄りがない人や、家庭環境、経済状況などの要因で家族との同居が困難な高齢者向けには、自治体の助成を受けたケアハウス（軽費老人ホーム）があります。軽度の介護サービスは付いていますが、基本的には自立できる人が対象です。

お金があれば、有料老人ホームやサービス付き高齢者向け住宅という選択もあります。最初にまとまった入居金を払い込み（数十万円から上は億単位のところまで）、入居後に月々10万円〜30万円、豪華施設だと50万円前後の費用を支払うというところもあってピンキリ。

適切な施設がない場合には、在宅で介護サービスを受けることに。

在宅介護を助ける施設として一般的なのは、日帰りで通ってサービスを受けるデイサービス（通所介護）やデイケア（通所リハビリテーション）があります。また、一時的に施設などに入所してサービスを受けるショートステイ（短期入所生活介護）や医療型ショートステイ（短期入所療養介護）などもあります。さらに、「通い」を中心に、必要に応じて「泊まり」や「訪問」を組み合わせた小規模多機能型居宅介護もあります（厚生労働省の介護事業所・生活関連情報検索を参照　http://www.kaigokensaku.jp）。

介護ははじめての経験なので、何をどうすればいいのかわからないという人は、まず自分たちに合った介護をしてもらうため、信頼できるケアマネジャーを探してください。

最初は、自治体の窓口や地域包括支援センターで相談しましょう。

ただ、ケアマネジャーといっても、優秀な人、そうではない人、性格の合う人、合わない人などさまざまなので、行きつけの病院の医師や看護師、ソーシャルワーカー、デイサービスを利用中のご近所や、ヘルパーとして働く知人などに、実際の評判を聞いてみるのもいいでしょう。

また、利用者は、評判がいい人に集中しがち。担当者数があまりに多いと、関わってもらえる時間が少なくなる可能性もあります。基本的には、専門知識が豊富で、さまざまな事業所をよく知っていて、介護される人の気持ちに寄り添ってくれる人なら、長くつき合えると思います。
もし、お願いしてみたけれど、**どうも合わないと感じたら、途中から変えることもできます**。自治体の窓口で相談しましょう。
介護で禁物なのは、自分の中で抱え込んでしまうこと。介護から解放される時間をつくるためにも、よいケアマネジャーを探して、介護施設を上手に利用しましょう。

POINT!

介護の悩みは、1人で抱え込まずに地域包括支援センターに相談しましょう

3 認知症患者を狙った犯罪予防には成年後見制度と一杯の緑茶が効果を発揮

「緑茶を飲む頻度が高い人ほど認知症になりにくい」ということが、金沢大学神経内科学の研究グループの調査でわかったのだそうです。**緑茶に含まれるカテキンやミリセチンなどが、認知症予防に効果的かもしれないとか。**

緑茶といえば、思い浮かぶのが茶摘みで有名な静岡県。元気で身体に支障なく過ごせる「健康寿命」を見ると、静岡県は、男性が全国3位。女性は全国2位（２０１３年）。これは、地元で取れた緑茶をたくさん飲んでいるからでしょうか。

厚生労働省が２０１２年に発表したデータによれば、介護保険制度を利用している65歳以上の認知症患者は、全国で約２８０万人。要介護の認定は受けていないけれど、症状がある患者は約160万人。正常と認知症の中間（MCI／軽度認知障害）にある人は約400万人。合計すると、約840万人に何らかの認知症の症状があるとのこと。

総務省統計局が発表した2015年度の高齢者（65歳以上）の人口は3384万人ですので、おそらく65歳以上の10人に3人がこうしたケースに該当すると思われ、もはや認知症は特別な病気ではなくなっているようです。

認知症が進むと、自分の財産も自分で管理できなくなる。こうした**認知症患者の弱みに付け込み、財産を流用したり詐取したり、商品を押し売りしたりする犯罪が後を絶ちません**。

本人の記憶が曖昧なことに付け込み、買ってもいないものを送りつけて代金を請求したり、必要でもないリフォームを高額で行ったり。金融機関でも、判断力が危ぶまれるご老人に、リスクの高い金融商品を売りつけるという、金融商品取引法で禁じられていることを平気でするケースも出てきています。中には、身内が、無断で高齢者の財産を引き出すなど、さまざまな事件が起きています。

こうした状況から、判断能力が不十分になった人を守り、財産を管理し、契約や福祉サービスの利用契約を行うために、2000年に導入されたのが「成年後見制度」。認知症で判断能力がなくなる前に、自分が成年後見人を決め、財産をどうするか、どんなサービスをしてもらうのかをあらかじめ指示する「任意後見制度」と、判断能力がなくなったあとに、家庭裁判所によって選ばれた人が成年後見人となる「法定後見制度」があります。

この制度を利用するためには、本人や配偶者、四親等内の親族が、裁判所に申し立てをします。ただ、最近は身寄りのないご老人も増えていて、こうした方は、市区町村長が申し立てできることになっています。**2010年で見ると、ほぼ10人に1人は市区町村長からの申し立て。しかも、身寄りのないご老人は、年々増えているようです。**

裁判所は申し立てを受けたら、申立人、本人、後見人候補者に審問や調査、鑑定などを必要に応じて行い、成年後見人を選出して任命します。

成年後見人の多くは、家族または親族などですが、弁護士や司法書士など専門的な知識を持っている人に頼むケースも増えています。

成年後見人の多くの方は、まじめに本人のケアをしてくれるのですが、**中には、成年後見制度を悪用して、財産を流用する犯罪なども起きているので、選ぶ時は慎重に。**

こうして見ると、多額の財産を持っているのも善しあし。

とりあえずは、緑茶でも飲みながら、健康なうちにお金を楽しく使う方法を考えて、毎日、心を浮き浮きさせたほうが認知症になりにくい気がしますが、いかがでしょう。

POINT!

成年後見制度は、元気なうちに検討を

4 よりよい介護サービスを受けるためには現場を支える人の待遇改善が大事！

以前、公益社団法人大阪介護福祉士会の淺野幸子会長が介護の現状について次のように嘆いておられたのを耳にしました。

「ただでさえ介護業界は人手不足なのに、一部の心ない介護職員の虐待事件などが大きく報道されたことでネガティブなイメージを抱く人もいて、なかなか人が集まらない。高齢化は確実に進むのに、こんな状況では、どうなってしまうのかと不安です」

介護の問題は国の重要事項でもあり、安倍政権でも新3本の矢の一つに「介護離職ゼロ」をかかげています。そのためには、**何よりも介護の現場を担うベテランの介護福祉士の数を増やすことが最も大切なこと**となってきます。なので、政府が陣頭指揮をとってよい人材が介護業界に集まるようにするのが筋というものですが、これに対しては、国は無関心というか、むしろ冷淡にさえ見えます。

よい人材を集めるためにはそれなりの待遇や報酬を提供しなければなりませんが、待遇は、良くなるどころかむしろ悪化しています。２０１５年の介護報酬の改定で、サービス別に設定した「基本報酬」が軒並み引き下げられました。その結果、介護の現場で働いている人たちは、給料は上がらずに仕事がきつくなるという最悪の状況に追い込まれつつあります。

そもそも、**介護の現場で働く人の給料は、今までも他の仕事に比べてかなり低い傾向にありました**。２０１４年の福祉施設の介護士の給料の平均は21万９７００円。訪問介護士（ホームヘルパー）の給料は22万７００円（２０１５年3月11日付 日経新聞朝刊）。全産業平均の給料が３３万３３００円（２０１５年分）なので、10万～11万円も安いのです。

その給料が、介護報酬の引き下げでさらに下がりそうなのですから、介護職員のなり手が減り、人手不足になるのはあたりまえ。

政府は、介護などの社会保障費を削っていく一方で、防衛費は毎年増やしています。

２０１５年度の社会保障費を３９００億円削る一方で、必要ないオスプレイを３６００億円も出して買うことを決めています。これでは、社会保障を冷遇していると言われてもしかたないでしょう。

こんな状況なのに、日本の介護の現場が何とか維持されているのは、厳しい条件の中でもこの仕事に情熱を持ち、一生懸命に働いてくれる方たちがいるからです。

特に、若い方で介護を志す人たちは、かなりしっかりした考えを持っていました。社会福祉の専門学校に通う生徒たちの話を聞くと、家族の介護を身近で見て、大変だけれど自分は多くの人のためになりたいと介護の道を志したという人がほとんどでした。

けれど、残念なことに、こうした志を持って介護の専門学校に入学してくる若者は年々減っていて、多くの学校が今、存続の危機に立たされているのだそうです。

10年後、団塊の世代が介護を必要とした時に、今の状況では、若い優秀な介護福祉士が育っていないということになるかもしれません。

超高齢化社会を迎える日本の最優先事項は、介護を志す人たち、特に若い芽を育てること。そのためには、介護福祉士の給料を上げ、社会的なステータスを上げ、胸を張って仕事に携われる環境を整備することが必要でしょう。

こうした現状の中、介護を受ける側にも準備が必要です。すでに紹介したような介護施設に関する情報収集をはじめ、自分はどんな介護を受けたいか、そのイメージを明確にしておくことも大切です。

POINT!

介護サービスを受ける前に、まずは現場の実情を知りましょう

5 平和な「100歳」を迎えるため今、一番大切なのは「言論」の健康

ひと昔前までは、100歳まで生きるというのは稀《まれ》でした。けれど、**これからは、100歳でも元気な人が増えてくるでしょう**。

今から約50年前の1963年、全国で100歳を超える人は153人でした。ところが、1981年には1000人を超え、1998年には1万人を超え、2015年9月時点では6万1568人となっています。

最高齢者は、男性は東京都の111歳の吉田正光さん、女性は鹿児島県の115歳の田島ナビさん。こうした長寿者を支えてきたのが、「医学」と「テクノロジー」の進歩、そして「平和で豊かな生活」でした。

ここ数年の「医学」の進歩は目覚ましく、すでに、さまざまな組織や臓器の細胞に

分化できるiPS細胞で、視神経細胞をつくることに成功しています。これが実用化されると、国内に400万人いるといわれている、我が国の失明原因ナンバーワンの緑内障を治せます。

視神経細胞だけでなく、心臓などの臓器をつくる細胞にまで応用されていけば、いつまでも衰え知らずの身体を手に入れられるかもしれません。さらに、人間の老化に深く関わるT細胞も、再生技術が確立されつつあります。

「テクノロジー」の進歩にも、目覚ましいものがあります。

薬のようにのみ込めば、体内で診療や治療をしてくれるミクロなロボットが活躍する時代になります。現時点でも、カプセルの中に小さなカメラを取り付けた内視鏡をのみ込み、胃の中の状況を撮影して画像データを外に発信することができるようになっています。ですから、あと10年もすれば、のみ込んだ医療用ロボットが診察、診断をするだけでなく、患部に直行して適切な薬を効果的に噴射して治療するということが、ポピュラーに行われることでしょう。

こうした時代がやってくると、「健康」についての不安は、かなり払拭《ふっしょく》されてくるはずです。

けれど、どんなに「医学」や「テクノロジー」が進歩しても、「平和で豊かな生活」が続かなければ、長生きすることはできません。

先の太平洋戦争で、戦地で亡くなられた軍人・軍属の数は約230万人。彼らは、お国のために亡くなられた英霊たちですが、歴史学者の故・藤原彰氏（一橋大名誉教授）によると、**中国やフィリピン、ビルマなどで戦死した軍人の約6割が、餓死しているとのこと**。230万人の6割といえば、約140万人で、沖縄県の全人口に匹敵します。これだけの軍人・軍属が、戦闘ではなく飢え死にしているのです。しかも、軍人といっても多くは職業軍人ではなく、赤紙一枚で戦地に駆り出された民間人。

なぜ、こんな悲惨なことになったのかといえば、藤原氏は著書で、日本軍は敵地を占領することで頭がいっぱいで、輸送補給や休養、衛生といった兵士の生存に必要なものを軽視したと批判しています。

作家の半藤一利氏も、毎日新聞紙面で「私は戦没者のうちの7割が、広義での餓死だと思っています。〈略〉人間をまるで、将棋の駒のように扱っている」と憤っています。

戦後70年、長寿国として繁栄し続ける日本ですが、再び、民間人の命を粗末にするような戦争が起きたら、その繁栄も終わります。この国が、戦後100年まで「平和で豊かな国」であり続けるために、今、一番大切なのは、言論の「健康」ではないでしょうか。

POINT!

人が長生きするには、医学やテクノロジーの進歩と平和な生活が必須！

6

75歳で年金を受け取ると損なの？　得なの？　年金支給開始の損益分岐点をきちんと把握しましょう

年金の支給年齢は65歳ですが、希望すれば、60歳からでも70歳からでももらい始められます。

65歳より早くもらい始めることを「繰り上げ受給」といい、1カ月早まるごとに年金額が0・5％減額されます。たとえば、60歳からもらい始めると、0・5％×12カ月×5年で30％支給額が減ります。65歳で月10万円の年金をもらえる人が60歳でもらい始めると、月7万円の支給額になります。

損益分岐点は77歳。76歳までに死ぬと、60歳からもらい始めたほうがよかったことになり、77歳以降生きれば、65歳からもらったほうがよかったことになります。

サラリーマンの男性だと、61歳から特別支給の老齢厚生年金（比例報酬部分）をもらえますが、これを60歳に前倒しでもらい始めると、この部分は一生涯6％（0・5％×12カ月）のカットになります。

65歳よりあとにもらい始めることを「繰り下げ受給」といい、1カ月遅くなるごとに年金額が0・7％ずつ加算されます。たとえば、70歳からもらい始めると、0・7％×12カ月×5年で42％支給額が増えます。65歳で月10万円の年金の人が70歳でもらい始めると、月14万2000円の支給額になります。

損益分岐点は82歳。81歳までに死ぬと、65歳からもらい始めたほうがよかったことになり、82歳以降生きれば、70歳からもらったほうがよかったことになります。

では、75歳でもらうことにしたら、どうなるのでしょう。どれだけ上乗せがあるのかは発表されていないので、仮定として計算します。

基本は、65歳で月10万円の年金をもらう男性の場合。

繰り下げ請求と増加率

請求時の年齢	増額率
66歳0カ月～66歳11カ月	8.4%～16.1%
67歳0カ月～67歳11カ月	16.8%～24.5%
68歳0カ月～68歳11カ月	25.2%～32.9%
69歳0カ月～69歳11カ月	33.6%～41.3%
70歳0カ月～	42.0%

出典:日本年金機構「老齢基礎年金の繰下げ受給」(1941年4月2日以後に生まれた方)

男性の平均寿命が80・5歳ですから、80歳まで生きると仮定して、65歳から80歳まで15年間で受け取る年金の総額は、1800万円。これを75歳から5年間でもらうなら、月々30万円なので、300％ということになります。

いくらなんでも、これはないでしょうから、85歳で比べると、65歳から85歳までに受け取る年金の総受取額は2400万円。これを、75歳から85歳の10年間でもらうと、月20万円で200％ということになります。

90歳で比べると、65歳からの受取総額は3000万円。これを75歳から90歳までの15年間で受け取ると、月々約16万7000円で167％ということに。

生命保険会社が、生命保険の保険料の算出に使う**「生命表」（厚生労働省2014年「簡易生命表」）で見ると、オギャーと生まれた10万人の男の子のうち、80歳まで生きるのは6万1793人。85歳まで生きているのは4万4176人。90歳まで生きているのは2万4191人**なので、みなさん意外と長生き。ですが、問題は、どんな状況で生きているか。

「健康寿命」というデータがあります。身体に支障がなく、健康に動ける平均的年齢で、世界的に注目されています。この「健康寿命」は、男性70・42歳、女性73・62歳（厚生労働省・2010年）。

75歳支給にして、**やっとたっぷり年金がもらえると思ったら、そのお金を楽しく使えないような状況になっていては、元も子もない**。

国は、支払いを減らしたいのでしょうが、75歳には無理があるかも。

もらった年金を有意義に使えるよう、少しでも健康寿命を延ばせるよう普段から心がけていきましょう。

60歳受給開始・65歳受給開始・70歳受給開始
年金受給累計額の比較

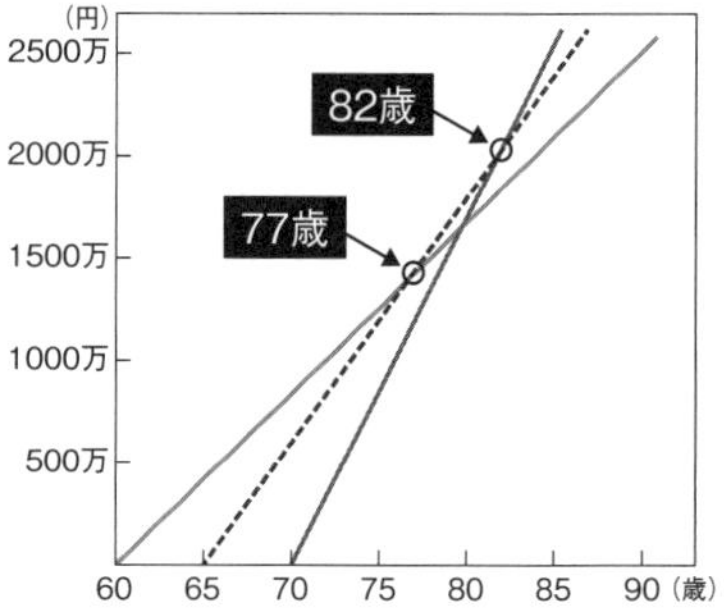

POINT!

年金受給の損益分岐点は77歳！

7 医療費の自己負担を軽減、世帯合算も可能な高額療養費制度の区分変更を覚えておきましょう

医療費の自己負担を安くしてくれる「高額療養費制度」をご存じですか？

「高額療養費制度」というのは、**健康保険対象の病気なら、支払いが一定額を超えると、超えた分を戻してもらえる制度**。

日本では、健康保険対象の病気だと70歳未満は3割負担、70歳を過ぎると、条件によって1割負担、2割負担となります。70歳未満の人が入院で月に100万円かかる治療を受けたとしても、本人の負担は30万円で済むということです。

ただ、月30万円というのは、一般の人にとっては大変な出費。そこで、これを更に安くしましょうというのが、高額療養費制度です。

高額療養費制度での上限は、収入によって変わります。

高額療養費制度の自己負担限度額(70歳未満)

所得区分	1カ月の負担上限額
年収約1160万円～ 健保:標準報酬月額 83万円以上 国保:年間所得 901万円超	25万2600円+(医療費−84万2000円)×1%〈多数回該当:14万100円〉
年収約770万円～約1160万円 健保:標準報酬月額 53万～79万円 国保:年間所得 600万～901万円	16万7400円+(医療費−55万8000円)×1%〈多数回該当:9万3000円〉
年収約370万円～約770万円 健保:標準報酬月額 28万～50万円 国保:年間所得 210万～600万円	8万100円+(医療費−26万7000円)×1%〈多数回該当:4万4400円〉
～年収約370万円 健保:標準報酬月額 26万円以下 国保:年間所得 210万円以下	5万7600円 〈多数回該当:4万4400円〉
住民税非課税	3万5400円 〈多数回該当:2万4600円〉

出典:厚生労働省保険局資料

高額療養費制度の自己負担限度額(70歳以上)

所得区分		外来(個人ごと)	1カ月の負担上限額(入院・外来)
「現役並み」所得者(窓口負担3割)		4万4400円	8万100円+(医療費−26万7000円)×1% 〈多数回該当:4万4400円〉
一般		1万2000円	4万4400円
低所得者(住民税非課税)	Ⅱ(Ⅰ以外)	8000円	2万4600円
	Ⅰ 年金80万円以下など所得ゼロ		1万5000円

出典:厚生労働省保険局資料

※多数回該当:直近の12カ月間に、すでに3回以上高額療養費の支給を受けている場合

以前は3段階だったのですが、2015年に高額医療制度が改訂されてからは5段階になり、低所得者の負担は低く、高額所得者の負担は高くなっています。まず、市区町村の住民税が非課税になっている所得の低い人は、どんなに高額な医療を受けても、月3万5400円（以下4カ月目から・2万4600円）。つまり、100万円の治療を受けても、自分で負担する金額は、月3万5400円でいいということです。

年収約370万円未満なら、月5万7600円（4万4400円）。年収約370万円～約770万円なら8万100円＋（総医療費－26万7000円）×1％という計算式で金額を出します。たとえば、月100万円の医療費がかかったとして、この計算式に当てはめると、月8万7430円（4万4400円）。年収が約770万円～約1160万円だと、計算式は省きますが、100万円かかった時の自己負担は月17万1820円（9万3000円）。それ以上の収入の方は、月25万4180円になります（14万100円）。

つまり、**平均的な所得のある人なら、1カ月に100万円の治療を受けても月8万7430円の自己負担で、しかも4カ月目からの自己負担は更に下がって4万440**

０円になるので、半年間１００万円の治療を受け続けても、治療費の自己負担だけなら40万円弱で済むということです。

しかも、高額療養費制度は、１人の医療費が月２万１０００円（70歳未満の場合）を超えていたら、医療保険が同じなら世帯合算ができます。たとえば、年収約３７０万円〜約７７０万円の夫婦がともに入院して、それぞれが月１００万円の治療を受けたとすると、自己負担は３割で合計60万円ですが、加入している保険が同じなら２人を合算して高額療養費制度が使えるので、負担額は合計でも月８万７４３０円で済みます。**それぞれが月１００万円の治療を半年間受けたとしても、治療費だけなら40万円弱の負担でよいということ**なのです。

本来は、窓口で３割の自己負担をして、あとで請求して３カ月後くらいにお金を戻してもらうのですが、加入する医療保険から「限度額認定証」を発行してもらえば、請求しなくても、窓口の支払いが高額療養費制度で計算されたものになります。

ただし、病院での食費や差額ベッド代は対象ではないので別途かかります。この制度で請求できる期限は、２年。

また、**医療費だけでなく介護費用も高額になるケースでは、高額医療・高額介護合算療養費制度で、自己負担を低く抑えられます。**

こうした制度をしっかり把握しておけば、民間の医療保険に、それほど多額に入る必要はないでしょう。

POINT!

高額療養費制度を活用して、自己負担を軽くしましょう!

8 「マクロ経済スライド」で年金目減り時代に突入 物価が上がると年金が減っていく!?

2015年4月から「マクロ経済スライド」制度が導入され、年金支給額のカットが始まりました。「マクロ経済スライド」というと何だか難しい気がしますが、簡単にいえば、物価や賃金が上がっても、年金の支給額はそれと同じようには上がらないというもの。今まで、日本の年金は「物価スライド」で、物価や賃金が上がれば、その分年金の支給額も上がりました。ですから、物価が上昇している時でも安心でした。

少子高齢化で年金加入者の数は減るのに、年金を受給する人の数は増えていくので、何とか給付を抑えるために、**2004年の年金改革で、物価や賃金が上昇しても、今までのように年金はスライドして増えない制度ができました**。ただ、制度ができても今まで使われなかったのは、デフレで物価が上昇しなかったからです。

ところがここにきて、円安や消費税アップの影響で、物価が大きく上昇しました。結果、**2015年から、この制度が使われるようになったというわけです**。

「マクロ経済スライド」では、実際の物価上昇よりも1%程度、支給される年金額が少なくなります。たとえば、年金を20万円もらっている人がいたとしましょう。物価が2%上昇したら、今までなら年金も2%増の20万4000円になりました。これなら、物価が上がっても同じ暮らしができます。けれど、「マクロ経済スライド」では物価上昇分から現在は1%程度を差し引いています。具体的に、今回は0・9%が差し引かれ、上昇分は1・1%。つまり、支給額は20万2200円ということに。しかも、制度がスタートした4月の支給には、デフレのツケも上乗せされました。

年金支給額は、物価スライドで、物価が下がればその分年金支給額も下がることになっています。ところが、デフレで物価が下がっているのに、政府は年金額を下げてこなかった。その分を、年金の支給額を減らすことで調整しようというのです。

この二つの要因で、2015年に厚生労働省が発表した厚生年金の改定例では、夫(1938年度以降生まれ)が平均月収42万8000円で40年勤め、妻が専業主婦の家庭の平均支給額は、２０１４年度は21万９０６６円。これが、４月以降の１年間は２４４１円アップの22万１５０７円になります。２４４１円上がるのならいいと思いますが、実は「マクロ経済スライド」とデフレ調整がなかったら、あと４０００円弱は増えているはずでした。国民年金だけに加入している自営業の場合には、昨年の６万４４００円から、今までなら約１５００円増えるはずでしたが、伸びは約６００円にとどまっています。それでも、もらえる分には老後の大きな助けになります。

不安なのは、老後の命綱の年金がＧＰＩＦ（年金積立金管理運用独立行政法人）によって株価の下支えに使われていること。実質賃金が４年連続でマイナスを記録し、日経平均も下落傾向にあります。そんな中、ＧＰＩＦも約５兆円の損失を出したと言われていますが、運用実績の公表は夏の参院選後となるため、「年金損失隠し」だと批判を集めています。

POINT!

実際の物価上昇よりも約１％、年金支給額が減ります

9 株安、円高、原油安。目の前は暗いけど10年後は意外に明るい。しっかり生き抜こう！

株安、円高、原油安と、２０１６年初頭から経済が急激に変化したことで、不安を感じる方が増えているようです。

そんな中、果たして10年後の日本はどうなっているか、そこで幸せに暮らすためにはどうすればいいかと考えてみました。

この10年間に起きる最も大きな出来事は、オリンピックバブルが膨らみ、それが破綻して大不況が来るということでしょう。なぜなら、今の安倍政権には、景気を浮揚させる目玉政策や成長戦略がないから。今後はオリンピックの盛り上がりとともに、オリンピックそのものが目玉政策になっていく可能性があります。そうなると、オリンピックが終わった後に大変な不況がやってきます。

こう書くと、お先真っ暗な気がしますが、ピンチとチャンスは裏表。悪いことばかりが待っているわけではありません。たとえば、10年後には、「親の介護が……」という方も多いはずですが、**実は10年後には、看護師バブルがやってきます**。なぜなら、看護師が不足しているということで、1991年には11校しかなかった看護大学や大学の看護学部が、2014年にはなんと226校にも増えたからです。入学定員数も、91年は558人だったのに、今や2万人近くになっているというのです。

結果、**現在は看護師不足と言われていますが、11年後には14万人もの看護師が余剰に。しかも、医師の数も、2008年から医学部の定員を増やしていて右肩上がりで、こうした人たちが10年後からかなり活躍してきます**。

そうなれば、彼らが地域でお年寄りを支えようという「地域包括ケアシステム」の担い手になってくれるかもしれません。ちなみに、「地域包括支援センター」は、実はすでに支所を含めると全国に約7000カ所あり、これが十分に機能すれば、在宅介護もかなり楽になります。

また、10年後は、介護の現場を支えるテクノロジーも飛躍的に進歩しているはず。

アメリカで最近人気なのは、遠く離れて生活している親の生活を、パソコンや携帯から見られるというもの。**部屋に取り付けたセンサーで、いつ目覚めて、いつ薬の棚を開け、いつご飯を食べて何をしたか、量った体重や血圧のデータもすべて管理センターにデータで送られ、家族の元に届けられます。**もし、通常と違う行動パターンになったら、会社と契約している近くの看護師やソーシャルワーカーが駆けつけて対処してくれます。同じようなサービスは、日本でも、ＳＥＣＯＭ（セコム）などさまざまなところが着手していますから、10年後には普通に使えるようになっているはず。

さらに、介護にも応用できそうな、人を軽々持ち上げられるパワードスーツが50万円前後で売り出されています。これが改良されて、車椅子の代わりに介護スーツが登場してくるかもしれません。未来はそんなに暗くない。それまで、しっかり生き抜こう！

POINT!

10年後は看護師バブルが到来。介護もテクノロジーも飛躍的に進歩！

本書は、週刊『サンデー毎日』連載の「荻原博子の幸せな老後への一歩」をもとに、加筆、修正を加え、編集したものです。

著者紹介

荻原 博子（おぎわら・ひろこ）

1954年、長野県生まれ。経済ジャーナリスト。経済事務所に勤務後、1982年にフリーの経済ジャーナリストとして独立。難しい経済と複雑なお金の仕組みを、わかりやすく解説。早くからデフレ経済の長期化を予測し、家計のスリム化や現金の重要さ、ローンの危うさを説き続ける。「サンデー毎日」をはじめ数多くの雑誌、新聞に連載中。テレビ、ラジオでもレギュラーを持ち、一貫して、庶民の視点で生活に根ざした独自の"家計論"を展開している。

荻原博子《おぎわらひろこ》のハッピー老後《ろうご》

貯金《ちょきん》ゼロでも大丈夫《だいじょうぶ》！

印　刷　2016年6月15日
発　行　2016年6月30日

著　者　荻原博子《おぎわらひろこ》
発行人　黒川昭良

発行所　毎日新聞出版
〒102-0074 東京都千代田区九段南1-6-17 千代田会館5F
営業本部：03（6265）6941
図書第二編集部：03（6265）6746
印　刷　精文堂印刷
製　本　大口製本

ISBN978-4-620-32396-1